中国文化知识读本
Zhongguo Wenhua
Zhishi Duben

古代军制

主编 金开诚

编著 曲永恒

吉林出版集团有限责任公司
吉林文史出版社

图书在版编目（CIP）数据

古代军制 / 曲永恒编著. —— 长春：吉林出版集团
有限责任公司：吉林文史出版社，2009.12（2023.4重印）
（中国文化知识读本）

ISBN 978-7-5463-1956-8

Ⅰ.①古… Ⅱ.①曲… Ⅲ.①军事制度－军事史－中
国－古代 Ⅳ.①E291

中国版本图书馆CIP数据核字(2009)第237230号

古代军制

GUDAI JUNZHI

主编/ 金开诚 编著/曲永恒

项目负责/崔博华 责任编辑/曹恒 崔博华

责任校对/王明智 装帧设计/曹恒

出版发行/吉林出版集团有限责任公司 吉林文史出版社

地址/长春市福祉大路5788号 邮编/130000

印刷/天津市天玺印务有限公司

版次/2009年12月第1版 印次/2023年4月第4次印刷

开本/660mm×915mm 1/16

印张/8 字数/30千

书号/ISBN 978-7-5463-1956-8

定价/34.80元

编委会

主　任: 胡宪武

副主任: 马　竞　周殿富　孙鹤娟　董维仁

编　委 (按姓氏笔画排列)：

于春海　王汝梅　吕庆业　刘　野　李立厚

邴　正　张文东　张晶昱　陈少志　范中华

郑　毅　徐　潜　曹　恒　曹保明　崔　为

崔博华　程舒伟

前　言

文化是一种社会现象，是人类物质文明和精神文明有机融合的产物；同时又是一种历史现象，是社会的历史沉积。当今世界，随着经济全球化进程的加快，人们也越来越重视本民族的文化。我们只有加强对本民族文化的继承和创新，才能更好地弘扬民族精神，增强民族凝聚力。历史经验告诉我们，任何一个民族要想屹立于世界民族之林，必须具有自尊、自信、自强的民族意识。文化是维系一个民族生存和发展的强大动力。一个民族的存在依赖文化，文化的解体就是一个民族的消亡。

随着我国综合国力的日益强大，广大民众对重塑民族自尊心和自豪感的愿望日益迫切。作为民族大家庭中的一员，将源远流长、博大精深的中国文化继承并传播给广大群众，特别是青年一代，是我们出版人义不容辞的责任。

本套丛书是由吉林文史出版社和吉林出版集团有限责任公司组织国内知名专家学者编写的一套旨在传播中华五千年优秀传统文化，提高全民文化修养的大型知识读本。该书在深入挖掘和整理中华优秀传统文化成果的同时，结合社会发展，注入了时代精神。书中优美生动的文字、简明通俗的语言、图文并茂的形式，把中国文化中的物态文化、制度文化、行为文化、精神文化等知识要点全面展示给读者。点点滴滴的文化知识仿佛颗颗繁星，组成了灿烂辉煌的中国文化的天穹。

希望本书能为弘扬中华五千年优秀传统文化、增强各民族团结、构建社会主义和谐社会尽一份绵薄之力，也坚信我们的中华民族一定能够早日实现伟大复兴！

目录

一、夏、商、周军制

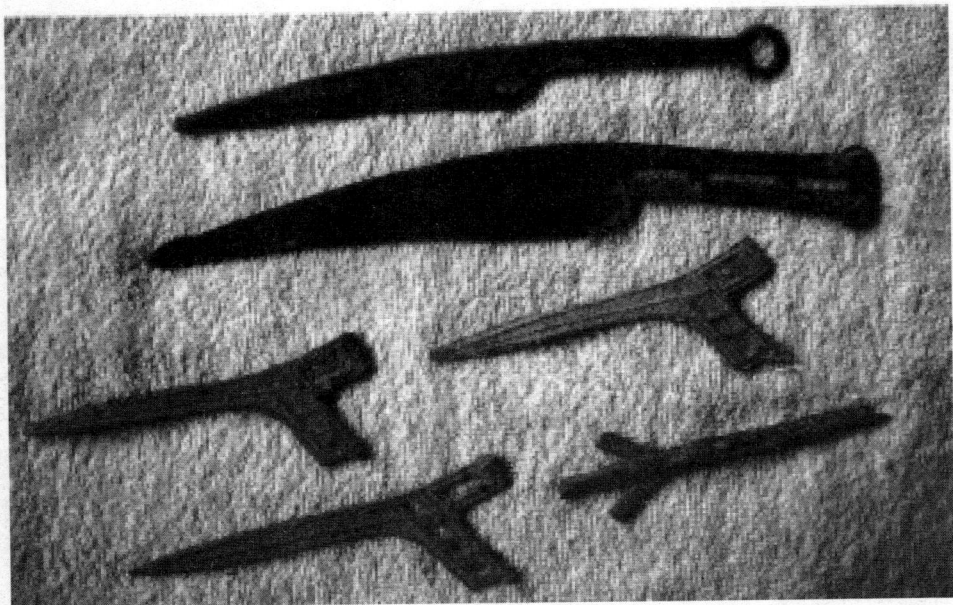

刀、戈型青铜货币

（一）夏朝军制

夏朝是我国第一个世袭王朝，关于夏朝的军制虽然现存的史料很少，但有限的文献和考古资料表明，它是中国奴隶制社会时期军制的开端。这一时代，在国家已经形成的同时，军队也随之产生，它建立了战时军队编组和奖惩制度。

夏王朝原本是脱胎于氏族社会的部落联盟，掌握国家政权的夏后氏只是众多部落中力量最强大者，处于天下"共王"的地位。夏后氏建立以奴隶贵族为骨干、"众"（平民）为基础的国家军队赖以"守邦"。被夏后氏征服和承认其共主地位的各部落作为政治实体而存在，有各自的武装组织，有应召出征的义务。作战时夏王根据需要，或征集间接统治地区的"众"，或同时征召直接统治区以外的异姓部落出战，夏王朝实行兵农合一的制度，即居则为民、战则为兵。《左传·哀公元年》关于夏王少康以"有田一成，有众一旅"复国的记载，有的学者据此认为"旅"为军队兵员建制单位。有学者认为，夏朝军队按氏族部落的生产生活组织，以十进制编成，夏王为最高统帅。夏启灭有扈氏的甘之战中，所辖"六事之人"，亦称"六卿"，当是分工不同的六个奴隶主贵族首领，

石簇

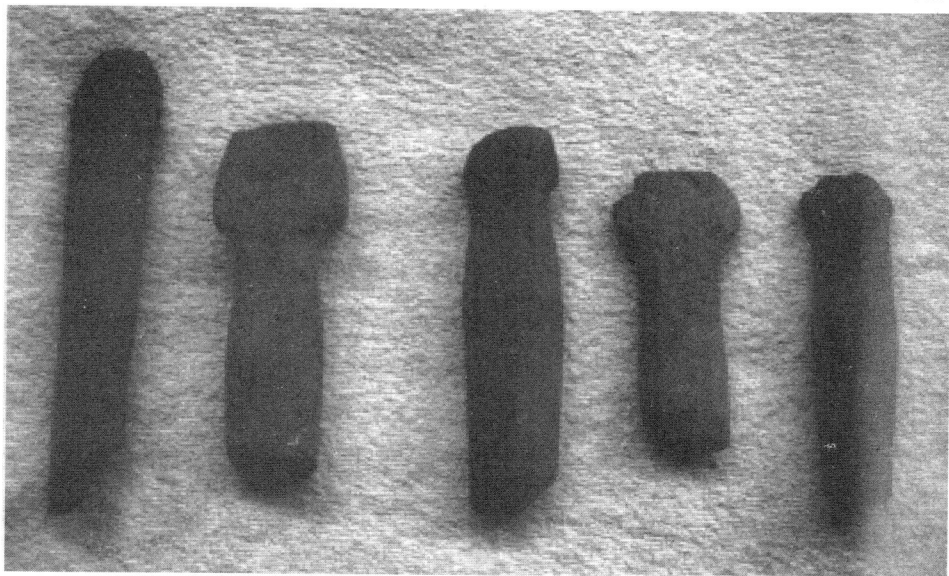

他们平时治理民事，战时担任作战指挥。

（二）商朝军制

商朝是中国历史上的第二个奴隶制朝代，从公元前1600年—公元前1046年，前后相传17世31王，延续600年时间。商朝处于奴隶制的鼎盛时期，奴隶主贵族是统治阶级，形成了庞大的官僚统治机构和军队。

商朝军制已完全脱离原始形态，逐渐趋于完备，是中国奴隶社会军事制度形成和发展的重要阶段。这一时期奴隶的大量使用和生产工具、技术的改进，促使社会经济持续发展，国家机器不断强化，军队及其军事制度也得到了长足的发展。商朝武装力量主要由王室军队、诸侯国军队和贵族武装构成。

根据甲骨文记载，商朝以商王为最高军事统帅，以贵族大臣和方国首领为高级军事将领。商军出现了以"师"为编制的单位，各级贵族的武装，当是按照氏族组织的"十进制"编成。商朝军队中的甲士和步卒，来自下层贵族和具有来自山民身份的"众"，军中杂役由奴隶充任。建立了

殷墟殉葬坑

殷墟出土的商代殉葬车马坑

"登人""登众"的兵役、动员制度和以射、御、田猎为内容形式的训练制度。军队分车兵和徒卒，以车兵为主，主要装备是畜力驾挽的战车。

商朝后期，王室常因战争需要而驱使称之为"多臣"的奴隶参战，但他们并不是编入师、旅的国家军队成员。商朝前、中期，军队的兵员大体实行临战征集制。商朝后期，不再见有"双人"的卜辞，这可能是随着战

殷墟出土的战车

争和军队组织的发展，征集兵员开始由临战征集向固定兵员的方式转变，或平时预定军籍，明确编制和隶属关系，战时按编征集，一般战争无须临时大量征兵。大量田猎活动的卜辞表明，商朝田猎的主要目的是进行军事训练，商王对田猎活动十分重视，多是亲自参加，或者命贵族大臣率领。田猎和实战一样，要"登人"，任命官员，告祭祖先，动用包括车马在内的军事装备和兵器，有组织编制，运用战阵和战术，务求好的战果。商朝后期，田猎与征伐往往密不可分，多于田猎行军途中进行征伐，有时还俘虏到敌人。随着战争的频繁和规模的扩大，王室军队进一步加强。

在各诸侯、方国中，有的已被商王朝征服而为臣属，如犬、鬼、周、卢、羊等，其军队要听从商王调遣，或单独出征，或戍守边地；有些叛服无常，如危方、鬼方、人方等，臣服时其军队为王室军队辅助力量，反叛时便成为敌对力量。各级奴隶主贵族拥有自己的族武装，卜辞中常有"多户族""三族""五族"奉卜命出征或戍守的记载，说明贵族武装在商朝的军事活动中占有重要地位。以商王为首的奴隶主贵族，集政治、军事权于一体，平时治民，战时领兵，商王是军队的最高统帅，掌握着组建王室军队、任命军将、定夺方略、号令出征、赏罚的大权，有时也亲自率军出征。

商朝兵种有步兵和车兵，商朝前期步兵是主要兵种。商朝实行严刑酷罚，强调"师惟律用"，军队必须严守军纪。《尚书·汤誓》记载商汤伐桀时，要求参战者恪守誓言，违反者将被罚为奴隶，决不宽恕。

木制战车是商朝军队的重要装备。殷墟等地出土的实物表明，战车有统一形制，牵引车的马饰有铜质当卢、铜泡等。青铜兵器由官府组织生产，用于格斗的有戈、矛、刀、锻等，用于远射的有弓矢，用于防护的装具

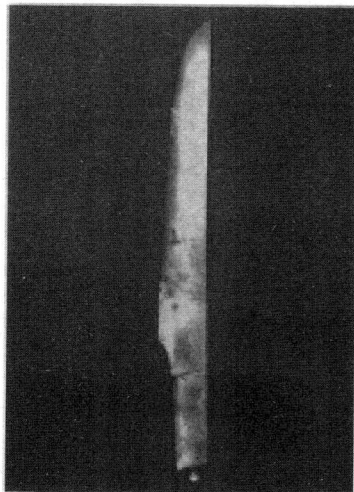

三星堆出土的兵器

有铜胄、皮甲和干盾。安阳侯家庄1004号墓出土70捆铜矛，每捆10支，反映出当时国家在武器的储存、管理方面有一定制度。王室军队的军需物资，实行王国内生产和诸侯贡纳相结合，由国家统一供给的制度，郑州商城、安阳殷墟有大规模冶铸作坊，出土大量陶范和青铜兵器，说明重要的手工工场掌握在王室和大贵族手中，既生产民品，又生产军品。据考古发掘和甲骨文记载，商王朝在各地设有储存粮食的仓库，以充民用和军需。军事物资的运输以畜力和船只为重要工具，各地建有驿站馆舍，卜辞记载，边境军情报告定程传送，千里之遥的边报于二三日即到达王都。

（三）周代军制

西周是中国奴隶社会的全盛时期，开辟了比商代更为辽阔的疆域，实施分封制。天子领地的面积是诸侯国领地面积的几十倍甚至上百倍，所以天子在政治、经济、军事以及思想文化上都对诸侯有着强大的支配力量。

西周军制比夏、商有了更大发展，周朝的统治者深深懂得掌握武装力量的重要

石矛

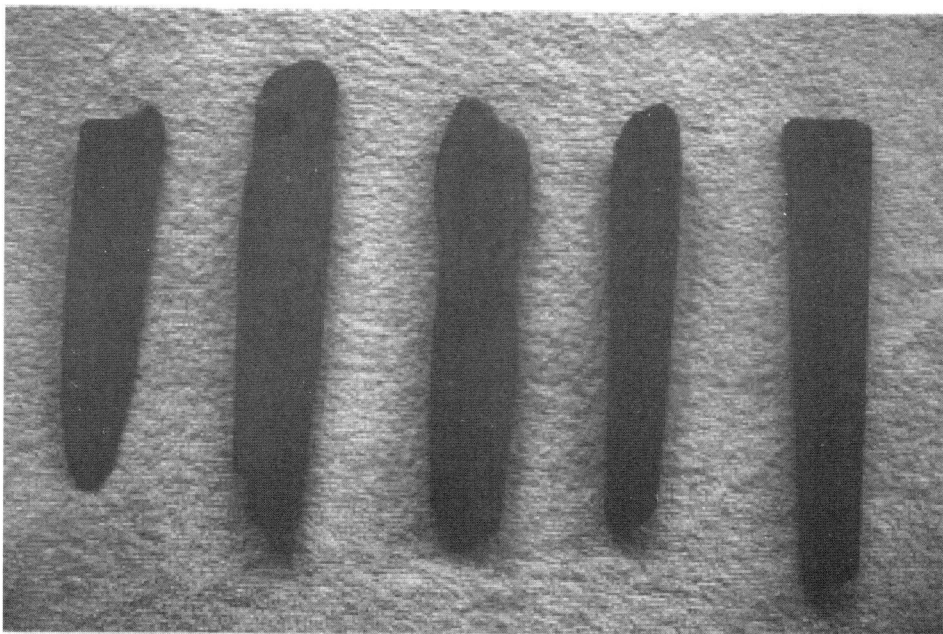

古时战争所使用的石矛

性，为了确保对大大小小同姓、异姓诸侯国的统治，建立了严格的军制，中央常备军力量扩大，拥有"西六师""成周八师"和"殷八师"，共二十二个师。"礼乐征伐自天子出"，各诸侯国和一些贵族大臣虽有少量军队，但要听从周王统一调遣，周天子实际上是全国军队的最高统帅。按照周朝军制的规定，一万二千五百人为一军，周天子有六军，大诸侯国有三军，中等诸侯国有二军，小国则只有一军，由元帅统率，又设司马作管理和监军一职以节制。对于各诸侯国武装力量的规模有明确的控制，以此保证王室对于诸侯的军事优势。

西周建立了以天子为中心的一元化军事领导

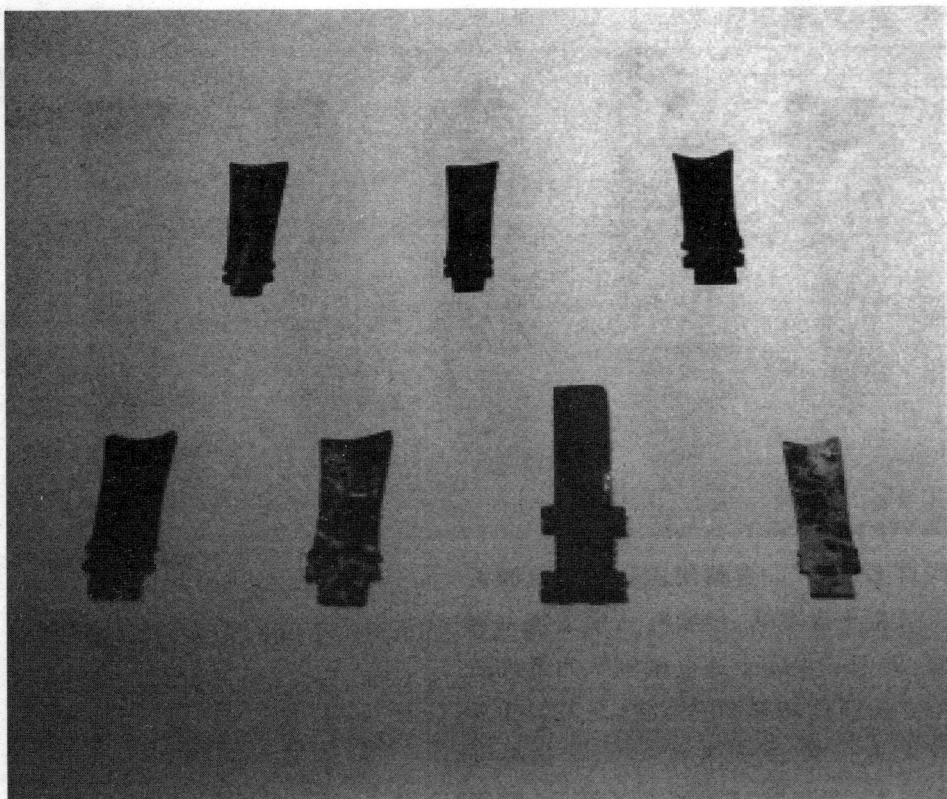

古代兵器展陈列品

体制，分封制度是这一体制得以建立的社会基础，强大的王室军队是这一体制的支柱，而天子掌握组建和指挥诸侯国军队的权力以及通过各级司马控制全国军队，则是建立这一体制的重要条件和标志。西周一元化军事领导体制的建立，说明奴隶制的军制在周代得到了更加充分的发展。周室东迁以后，王权衰落，军队领导体制的一元化宣告瓦解，军权由一元变为多元，形成了诸侯割据和争霸的历史局面。

二、春秋战国军制

石针、石簇、石镦

（一）春秋军制

春秋时期（公元前 770—公元前 476 年），属于东周的一个时期。春秋时代周王势力减弱，诸侯群雄纷争，出现齐桓公、晋文公、宋襄公、秦穆公、楚庄王"春秋五霸"。以争霸为主要内容的战争此起彼伏，在社会变革与战争的交相推动下，军事制度也发生了相应的变化。

军事领导体制：周王室日渐衰落，封国的实力则日益膨胀，致使"礼乐征伐自天子出"变为"自诸侯出"和"自大夫出"（《论语·季氏》）。各诸侯国打破西周时的限制，纷纷扩充军队，不断强化军事力量。周天子册命诸侯之卿的形式虽在，但仅具"尊王"的象征意义。各国君主在军事上逐步摆脱周天子控制，拥有谋略决策、任命将佐、发兵出征的最高军权，并常亲自统兵作战。列国之中，几个发展较快的大国相继争霸，迫使中小国家出兵从征、贡纳军赋、参加盟会。中期以后，各国君主的最高军权已逐渐旁落于卿大夫手中。晋国，中军帅执掌国政成为惯例，"军"的建置数量出于卿大夫的权力分配，形成强卿握军权的局面。鲁国，季孙氏、叔孙

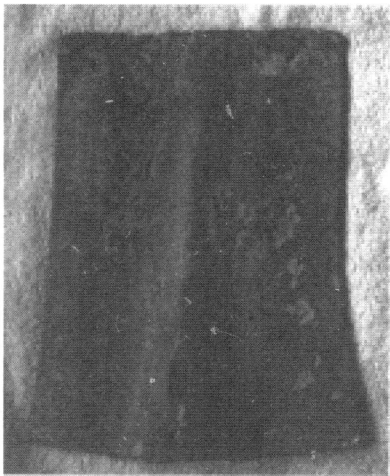

战国时期的青铜铲

氏、孟孙氏亦先后"三分公室""四分公室"，将公室军权夺入己手。齐国军权最终为陈氏所独揽。其他国家也呈相似情形。卿大夫既执掌政务，也率领军队。齐国三军，由齐君及"命卿"国子、高子各率一军。晋国"军将皆命卿"，各军将、佐由卿担任，正卿为中军元帅，指挥全军。宋国由大司马统兵作战，其地位仅次于执政的右师。楚国中军将则不固定，或为执政的令尹，或为大司马，或为地位较高的大夫。

春秋前期多数诸侯国以正卿任最高军职，后期则因时因情而异。除宋、楚等国司马可领军以外，各国所设司马以管理军政、军赋为本职。如晋国司马设于军中，有"中军司马""上

青铜戈

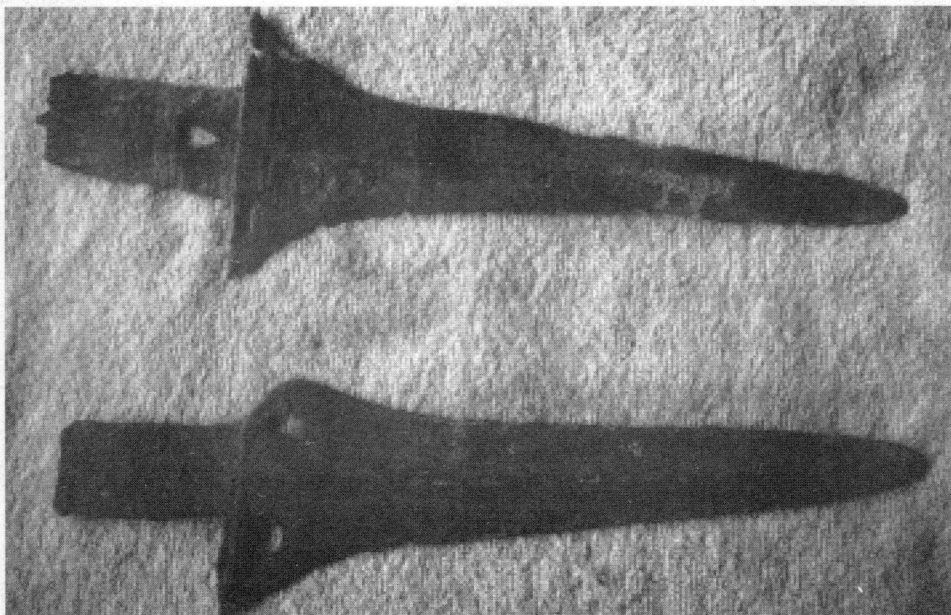

军司马"，既掌军赋，又主军法。楚国大司马平时主管军赋，其下有左、右司马，也执行军法事务。春秋末期，随着战争规模的扩大、作战方式的复杂及士阶层的兴起，出现了专任高级武官的"将军"，如齐国司马穰苴、吴国孙武等。这表明文武已开始分职。

武装力量体制：春秋武装力量基本上沿袭西周体制，但变化很大。周王室军队仍由周天子掌握，从王国中征集贵族和自由民补充，参加对外征战，但力量渐弱，地位下降，活跃于战争舞台的主要是诸侯国武装，包括公室军、地方军、私属军和

春秋时代，青铜器已经被广泛运用到战争中了

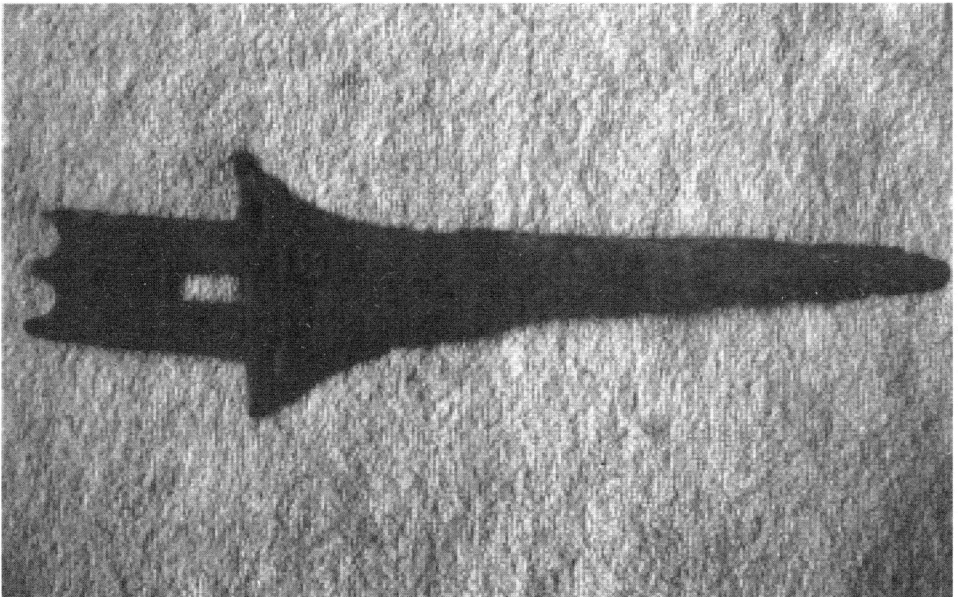

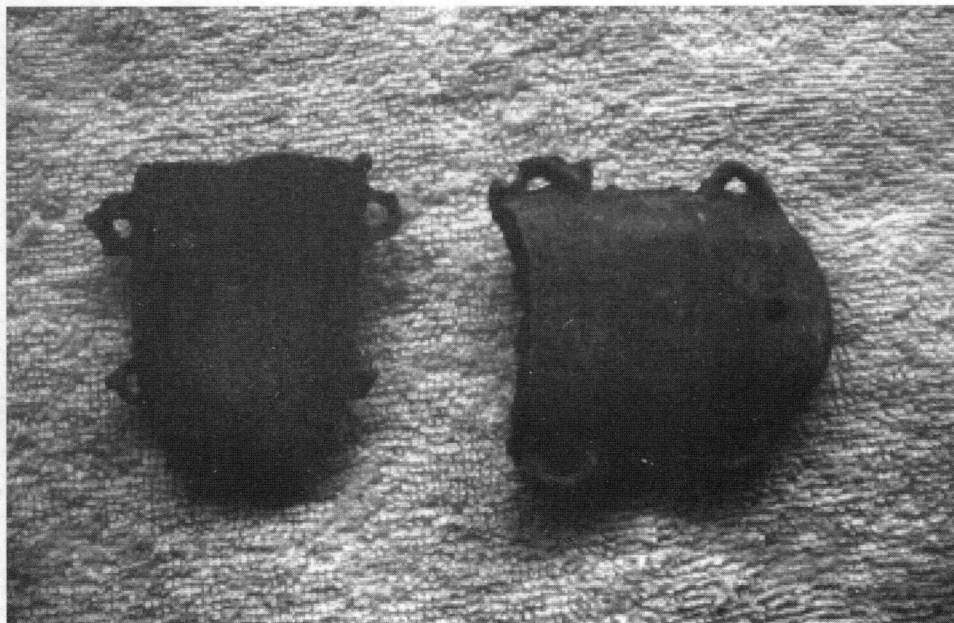

青铜铃

禁卫军四部分。公室军队由国君直接控制，多建于西周诸侯受封立国时，进入春秋时期后得到更大发展，成为国家军队的主力，担负着对外作战的任务。齐桓公首创霸业，依靠的就是改制后建立的公室三军。公室军队仍沿袭西周旧制，以贵族成员为骨干，以"国人"为主体组编而成。春秋后期伴随军权下移，公室军队力量削弱，以致"公乘无人，卒列无长"（《左传·昭公三年》），有的则被卿大夫瓜分。

春秋中期以后，由于战争扩大的需要，加之军赋制度改革，"野人"可以当兵，初期仅在少数国家出现的都邑地方兵在各国普遍建立起来。据《左传》《国语》记载，晋有东阳、焦、瑕、温、原之师。齐在高唐、渠丘等地建有地方武装。楚有申、息之师，许、叶之师。后起的吴、越两国，边鄙之地也有地方兵。它们有的属于国君，有的根据作战的需要，各自建立了舟师。楚军有"陵师"（陆军）、"舟师"（水军）之别。周灵王二十三年（公元前549年），楚国用舟师攻打吴国，是所见用舟师作战的最早记载。此后，吴、楚之间，吴、越之间，常在内河用舟师作战，如长岸之战、笠泽之战等。周敬王三十五年（公元前485年），吴国徐承率舟师从海上攻齐，开创舟师出海作战的先例。此外，在北方草原地区的少数民族中已有骑兵。

青铜钺

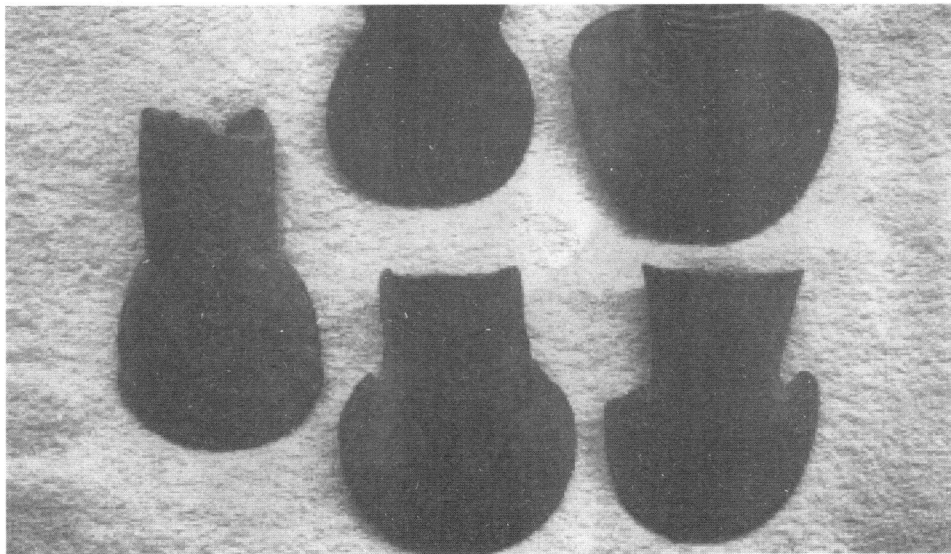

军队组织编制：春秋时期，出现了作为军队最高单位的"军"的建制。多数大国都编为上、中、下或左、中、右三军。只有晋国军队改编频繁，从一军、二军发展到三军以上，最高时达六军。中等以下国家只有二军或一军，每军员额并不固定，军以下编制各国亦不尽同。大体上晋国实行《周礼》所说的军、师、旅、卒、两、伍六级编制；齐国按《国语·齐语》所载的5人为伍、50人为小戎、200人为卒、2000人为旅、万人为军五级编成。这种军队的编制系统又与居民的行政组织系统相对应，以便于训练、管理和作战。车乘士徒的编制处于变化之中，春秋前期基

人面月牙形青铜刀

本上实行"革车一乘，士十人，徒二十人"，一乘之中又配徒役 25 人，按五人为伍、五伍一两、四两一卒编成。战车以"乘"为初级建制单位，其上有偏、两（或卒）的编制系列，战车最高编制单位有 125 乘之说。独立步兵的编制，当与战车徒兵的伍、两、卒的编制有因承关系。

兵役制度：春秋前期国、野界限依然存在，服兵役、纳军赋仍是"国人"即奴隶主和平民的权利和义务。中期以后由于战争规模不断扩大，对兵员、军赋的需求不断增加，促使各国改革兵役制度。

古代战车

周襄王七年（公元前645年），晋国"作爰田"的同时"作州兵"，打破国、野界限，开创"野人"当兵的先例。此后，鲁、郑、楚等国相继在改革田制的基础上，"作丘甲""作丘赋""量人修赋"，将征兵、征赋范围扩大到野鄙地区。丘役之制逐渐普及于各国，"野"中居民也必须按井田制出兵、纳赋。服兵役的年龄，"国"中居民为18—60岁，"野"中居民为15—65岁。春秋末期井田制日趋瓦解，军赋再次扩征，鲁国始用"田赋"，晋国六卿也实行"田赋"制，即按田亩数量征兵、征赋，其对象主要是广大农民。生活在

攻城所用的刀车

军事组织与地方行政组织相结合制度下的农民，平时生产和参加军事训练，战时聚集成军，在太庙命将，发放车马、甲胄、兵器，战毕解甲归田，保留着寓兵于农的传统。中小以上贵族充任甲士，他们一般不参加生产劳动，平时身佩兵器从事习武和各种军事活动或参与政务，战时则为军队骨干并充任各级军职。

军训制度和军事法：春秋前期，对农民中成年男子的普遍训练仍然沿袭田猎习兵的制度，每季农闲进行，春振旅、夏麦舍、秋治兵、冬大阅，以冬训为主，突出军事演习和检阅的内容。每逢重大政治军事行动，则临时举行大蒐、大阅、治兵，多是纯粹的军事演习和检阅。贵族子弟及"国人"中的士，须在"小学""大学"中接受武德（礼、乐）与武艺（射、御）的教育，并参加"射礼"等竞技活动，培养车战所需要的军事技能。春秋后期，晋国军队已有了对射、御、勇士、车徒协同等进行分科训练的规定，并分别设官掌管，楚、吴、越等国也开始对士兵进行专门军事训练。春秋时期，与军事密切相关的立法，逐步向成文法方向发展，产生了一些军事法规条文。据《左传》《国语》载，楚国"仆区之法""茅门之法"，郑国子产所铸"刑书"、邓析所作"竹刑"，皆有军事法的内容。晋国以法治军更为突出，经常在"大蒐"

工程车

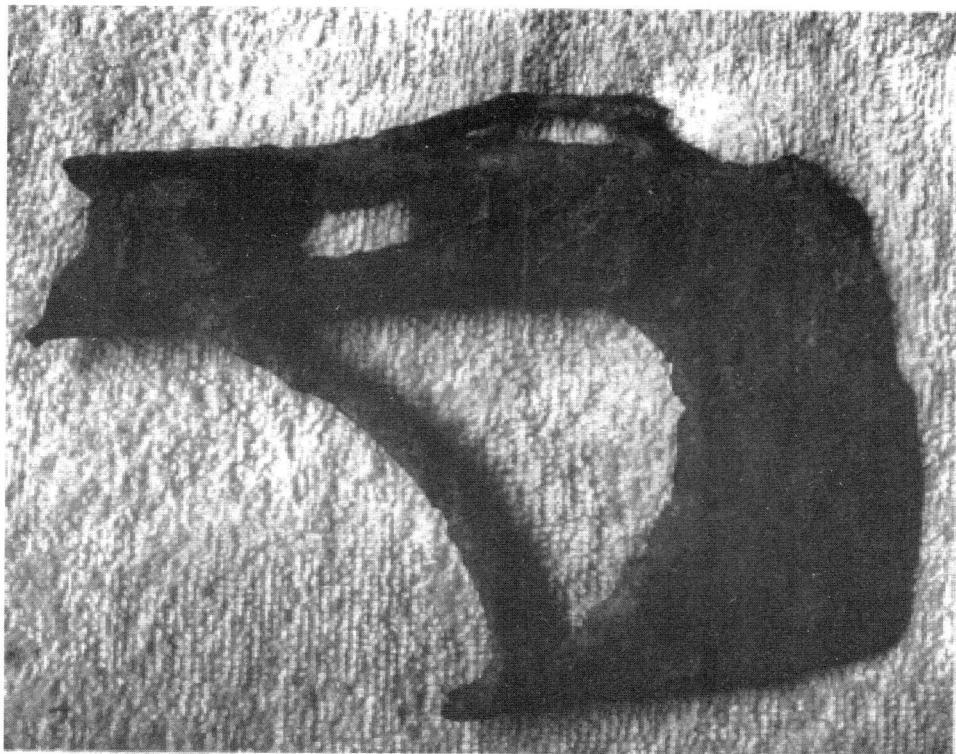

鞋型青铜钺

的军事活动中制定和颁布军法，如文公蒐于被庐，为"被庐之法"；襄公蒐于夷，制定"夷之法"，为晋国常法。其后，据"夷之法"而成"刑书"，又将"刑书"铸于"刑鼎"，始有成文法的颁布。同时以司马主管军法，坚持"军事无犯，犯而不隐"（《国语·晋语五》）的执法原则，既有战前对军纪的整肃，又有战中、战后对违令犯法者的严厉处置。

武器装备及后勤保障制度：军队的装备主要是战车及青铜兵器。战车形制有所革新，

主要是轨宽减小，车辕渐短，辐条增多，以利于快速行进。青铜兵器质量提高，杀伤力增强，仍分为近攻、远射、卫体三大类，主要有戈、矛、戟、弓箭、甲、胄、盾等，形制大体统一。春秋晚期，楚、吴、越等国已创制具有更大射程的弩，吴、越所铸利剑也用于兵阵攻杀，此外还出现用于隙望的巢车。武器装备的费用由军赋提供，制造由诸侯、卿大夫掌握的手工作坊进行，平时收藏于兵库，设专职人员管理，战时发放，战毕收回，禁止私藏。

古代军人所穿的盔甲

军队后勤保障主要是粮草供给。战时士卒携带数日口粮，称为"裹粮"，并有随行辎重车辆及后勤人员实施保障。部队到达某城邑或诸侯国时，则就地取给。各地平时皆储存粮食，既供民用也供军需，是就地补给的基本来源。春秋后期随着战争时间延长和作战纵深加大，"因粮于敌"成为重要的补给方式。

春秋军事制度上承西周、下启战国，具有由奴隶制向封建制转变的鲜明时代印记，在中国古代军制发展史上起着继往开来的作用。

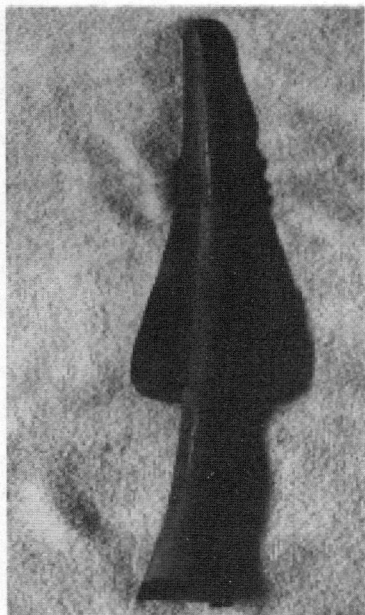
柳叶形滇越剑

（二）战国军制

战国时期（公元前 475—公元前 221 年）封建经济迅速发展，代表新兴地主阶级利益的各诸侯国的君主竞相变法图强、攻伐争雄，军事制度也随之发生重大变革。

各诸侯国建立了统一的军队，由国君掌握军队的征调大权，实行凭"虎符"发兵的制度。战国时期秦国国君颁发给杜县的"虎符"上刻的铭文规定：右半在君，左半在杜，凡征发兵甲 50 人以上，必须与君符会合。但有烽火报警，也可"毋会"君符而采取行动。国君之下始设将军等专职武官，文武已明显分职。

各诸侯国主要实行主要以农民为征集对象的郡县征兵制，郡守和县令有权征集本郡、县适龄男子入伍，并可率领他们出征。男子 16 或 17 岁"傅籍"（或称"傅"）即进行登记，然后根据国家需要随时应征入伍，直到 60 岁才能免征。除征兵制外，各国还兼行募兵制，招募之兵经过严格的考选，大多数都充实到军队的骨干和国君的卫队，凡中选者都要进行长期的专门训练，并享受比较优厚的待遇。

战国时期步兵是主要兵种，骑兵和舟师

发展也很迅速，车兵地位下降。步兵通称为"带甲"，《战国策》等文献有"带甲数十万""带甲百万"的记载，说明步兵的规模甚为庞大。同时骑兵有较大发展，出现了"骑万匹"之国，赵武灵王"胡服骑射"是中原诸侯国改革旧制、发展骑兵的典型事例。楚国和秦国的舟师比较发达，据《史记》记载，秦"舫船载卒，一舫载五十人与三月之食，下水而浮，一日行三百余里"。

军队组织往往和居民组织相结合，郡、县居民多是"伍什之制"，即五家为伍，十家为什。伍什之上，秦有里、乡，晋有连、间，军队的组织与之相应。

兵器中，剑、戟、刀、矛、匕首等锋

战国时期的车马

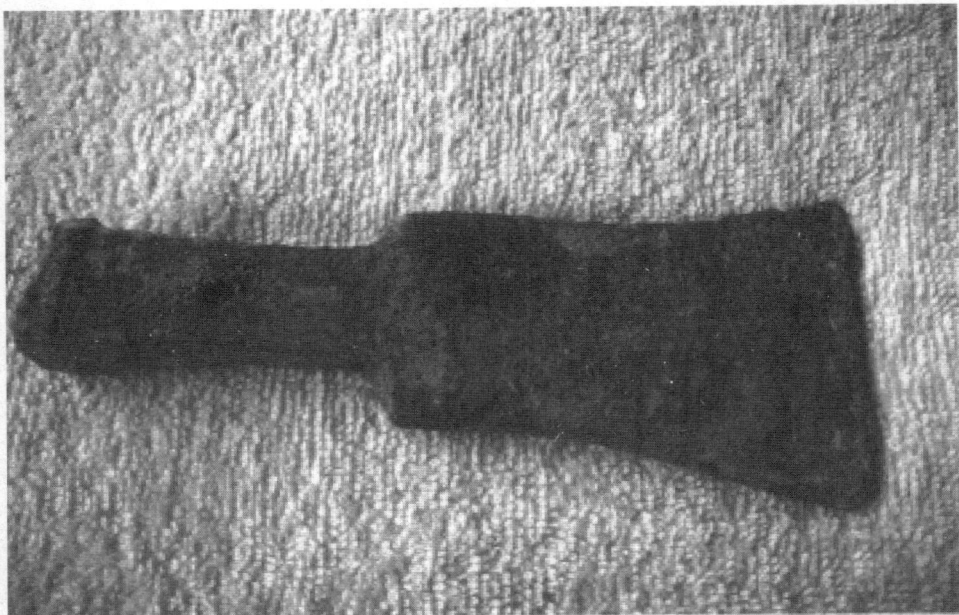

战国青铜铲

利的铁制兵器迅速发展，强弓利弩大量使用。各诸侯国普遍建立了掌管武器制造的"府库"（即武库），有的还负责检查武器的质量和上报的数量。各诸侯国都注重奖励军功，建立了军功制度。秦国商鞅变法时，订有二十等"军功爵制"，规定临战者不论出身贵贱，只要杀了敌人就可晋升爵位，反之如果没有战功，贵族也不能晋爵。

战国时代军事制度的变化，是社会生产力发展、生产关系变革、战争规模扩大以及兵器质量提高等多种因素造成的。这种变化不仅适应了新兴地主阶级的需要，也为秦、汉军事制度的建立与发展奠定了基础。

三、秦朝军制

秦始皇雕像

公元前 221 年，秦始皇统一中国，结束了春秋战国几百年分裂的局面。秦灭六国，原因是多方面的。而主要原因是秦孝公商鞅变法之后，秦国在政治、经济、体制、军事方面适应了历史的发展而国力大增，特别是秦国强大的军事实力，在统一战争中横扫六国。

秦军的战斗力主要依靠先进的管理制度，即有秦国特色的二十级军功爵位制度，其在鼓励秦军士气、提高战斗力上发挥了重要作用。秦二十级军功爵位制度（从低到高）：1. 公士；2. 上造；3. 簪袅；4. 不更；5. 大夫；6. 官大夫；

7. 公大夫；8. 公乘；9. 五大夫；10. 左庶长；11. 右庶长；12. 左更；13. 中更；14. 右更；15. 少上造；16. 大上造；17. 驷车；18. 大庶长；19. 关内侯；20. 彻侯。此项制度是在商鞅变法中由商鞅设立的。为奖励军功，商鞅规定：凡行伍中人不论出身、门第，一律按照其所立军功的大小接受赏赐，即便是秦国的宗室也是这样，宗室未立军功者不得列入宗族的簿籍，不得拥有爵位，禁止私斗，违反规定者将受到十分严厉的处罚。秦国的二十级军功爵位制度，使秦军作战能力大为提高，建立了一支所向无敌、横行天下的虎狼之师。作为荣誉，军功爵位基本具备现代军衔的特点，秦军中，国尉、上将军、将军、裨将军、都尉、郎中、军侯是军官职务名称。商鞅规定秦国的士兵只要斩获敌军的军官"甲士"一个首级，就可以获得一级爵位公士、田一顷、宅一处和仆人一个，斩杀的首级越多获得的爵位就越高，依据就是敌人的人头，如果一个士兵在战场上斩获两个敌人"甲士"首级，他做囚犯的父母就可以立即释放，如果他的妻子是奴隶，也可以转为平民，杀敌人五个"甲士"可拥有五户人的仆人，

秦军的战斗力主要依靠先进的管理制度

打一次胜仗，小官升一级、大官升三级。

惩处方式主要是贬级、夺禄、降职，对于表现不好的以及失职行为的官吏，国家降低其爵位、削减俸禄、降低职务。秦国刑法严苛，实行轻罪重罚。鞭打，最轻的处罚，数量不一；肉刑，伤害人的肢体，使人残废；刖刑，把罪犯的脚砍下来；墨刑，在罪犯脸上刻字；劓刑，把罪犯的鼻子割下来；宫刑，把罪犯去势，当太监；死刑，种类很多，赐死在惩处高级军官时经常使用，生埋也叫"坑之"，对战俘经常使用；车裂，把人四肢分别绑在几辆车上撕裂，在闹市斩首，还要陈尸数日，不准罪犯"家属"收尸；腰斩，把

在秦代，战车已经得到了广泛的运用

罪犯拦腰砍成两半，短时间人死不了；株连，士兵几人一组，一人犯法，一起惩处，军人犯罪家属连同处罚，处理刑法的官员是廷尉，管监察的官员是御史，军队外出打仗御史随行进行监视。

在军中如果爵位高低不同，每顿吃的饭菜甚至都不一样。军功爵是可以传子的，如果父亲战死疆场他的功劳可以记在儿子头上，一人获得军功，全家都可以受益，当爵位达到五大夫可衣食三百户的租税，如果军功杰出则衣食六百户，可以养士，以实物的形式向各级官吏发放俸禄，主要是粟米，可兑换布匹，有的时侯国君还会

秦军的军制十分严格

发给一些官吏以数量不多的钱币、黄金，秦国以年为单位发放俸禄，叫岁俸，即一年发放一次。

（一）秦朝军事训练制度及军事法

秦朝重视现役军人的训练。材官、骑士服役期间要进行集中训练、考核，主要内容是发弩、射箭、驾车技术。秦律规定：发弩不中靶、驾车不熟练、战马不合格，主管官吏受罚。秦建有一套较完整的军事法，内容包括兵员征集、武器生产与保管、军粮储备与供应、戍边等。对违法的进行严格处罚，如包庇逃避兵役、装备不完善、冒领军粮、延误征发日期、耽误值勤等，主管官员和当事者都要受罚。军事法的核心，是商鞅变法

秦军各军阶所穿戴的服饰各不相同

秦朝重视军人的训练

后沿袭下来的以《军爵律》为代表的军功爵制，军功爵制即以军功为授爵的依据，不同的爵级享受不同的待遇，还规定了爵位授予、剥夺以及以爵抵罪等制度。

（二）秦朝军队构成

秦朝军队分三个部分，即京师兵、郡县兵、边防兵。京师兵依据任务不同分为三个系统：郎中令管辖的侍卫官，包括贝（钱财）选、荫任、军功特拜而产生的传中、中郎等，有俸禄，主要负责殿内值勤、随从皇帝；卫尉管辖的皇宫警卫兵，由郡县轮番服役的正

卒充当，称卫士，主要职责是守卫宫门，中尉管辖的京都城卫兵，成员是轮番服役的内史地区正卒，主要职责是保卫都城的安全，遇特殊情况时，京师另设屯兵；郡县兵指在当地轮流服一年兵役的正卒，由郡尉县尉管辖，平时训练并兼管地方安全，战时奉调出征，因所处地理环境的不同，又分为材官（步兵）、骑士（骑兵）、楼船士（水军）三类，北方、西北方多骑士，山丘陵地带多材官，江淮及沿海多楼船士，有的郡既有材官，又有骑士；边防兵，指边郡骑士、材官、边郡屯兵和边塞皮卒，边郡骑士或材官，是本地服兵役的正卒，屯兵是集中驻扎的机动作战部队，由朝廷派遣的将军统率，如蒙恬曾长期领兵屯于上郡。戌卒包括轮番服役的各郡正卒和嫡发的官吏、商人及农民，除分散担任警戒、候望任务外，还构筑维修军事工程。秦军兵种分为步兵（含弩兵）车兵、骑兵和水兵。步兵称材官，有轻装与重装之分，前者无甲，持弓、弩等远射兵器，后者上体着甲，持戈、矛、戟之类长兵器，着甲持弓、弩者称弩兵，是步兵的主力；车兵仍然装备单辕双轮四马木质车，每车三人，皆着盔甲，御者居中，甲士两人分立两侧，持戈、矛类长

千古一帝秦始皇像

秦始皇陵兵俑

兵器；骑兵称骑上，着短甲、执弓箭，所乘之马有鞍，无鞍蹬；水军称楼船士，具有一定规模，作战中车、骑、步、驾大休混编列阵配合而行。

（三）秦朝军事领导体制

秦始皇大权独揽，是国家的最高统治者、军队的最高统帅。在中央，丞相为百官之长，处理日常政务；国尉为最高武官，掌军事行政；御史大夫监察官吏，辅佐丞相治理国事。三者均听命于皇帝，直接对皇帝负责，战争的发动与中止、高级武官的任命与撤换、兵员的征集与调动都由皇帝掌握，除临敌应急外，调遣50人以上用于军事行动必须得到皇帝的许可，并严格执行盖玉玺、持节的规定。遇有战事，皇帝直接指派将军或尉持节领兵出征。将军之下，史籍可考的武官有校尉、侯、司马等，地方与郡县制相适应，有一套完善的军事、治安指挥系统，全国分为36郡（后增至40多郡），置郡尉协助郡守掌管一郡兵员的征集和调遣、武器装备的制造和保管、治安秩序的维护和督察等军务。郡下设县，置县尉协助县令管理本县军务、治安。县下有乡、亭两种机构，主要职责是逐捕盗贼和维护地方治安。

四、两汉、三国、魏晋南北朝军制

古代战争场景

（一）西汉军制

西汉（又称前汉）与东汉（又称后汉）合称汉朝，是中国第一个强盛、稳固的朝代。

西汉时期，兵役制和徭役制结合在一起。制度规定男子自傅籍之年（汉初 15 岁，景帝时 20 岁，武、昭后 23 岁）至 56 岁的期间内，服兵役两年，称为正卒。正卒一年在本郡为材官（步兵）、楼船（水军）或骑士；另一年在京师屯戍，称为卫士。他们还须在边郡屯戍一年，称为戍卒。除此以外，每年还要服徭役一月，称为更卒，亲自服役的称为践更，不愿服役的可纳钱三百雇人代理，叫做过更。由于雇人代

役的越来越多，过更钱就逐渐演变为丁男的一种赋税，叫作更赋。在地方，军事由郡尉或王国中尉主管，他们统领本地的正卒，进行军事训练。每年秋季，郡太守举行正卒的检阅，叫做都试，皇帝发郡国兵时，和秦代一样用铜虎符为验，无符不得发兵。

西汉兵力分为郡兵和京兵，最高军事长官为太尉，但京兵一般由皇帝亲将。

1.郡兵，仍沿袭秦制，兵力由郡守掌管，具体军务由郡尉负责，但西北边郡太守因边患均直接领兵，郡守、郡尉每年八、九月份校阅一次郡兵，称为"都试"，又叫

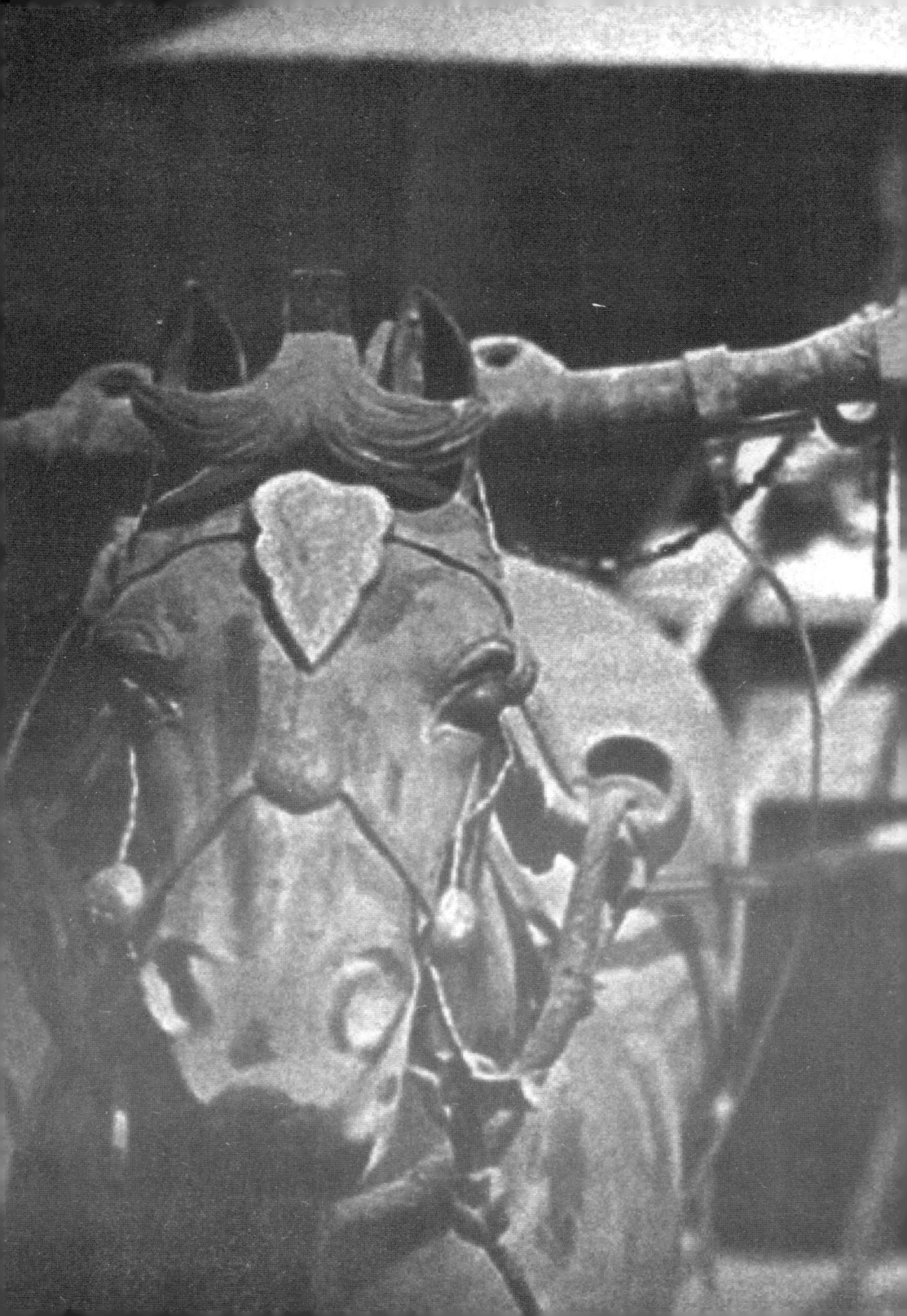

古代攻城场景

"秋射"，通过演武考核划分军兵等级，上等叫"最"，下等叫"殿"，此之谓"课殿最"；郡兵因所在地不同而兵种不同，内地多为材官（步兵），平原有轻车（车兵，后逐渐消失），沿海、沿江多为楼船（水兵），西北多为骑士（骑兵）；郡兵平时训练、维护治安，战时受中央调遣。

《汉旧仪》中记载，年满20周岁的青年男子每年在郡县服劳役一个月，称为更卒，至56岁为止；从23岁起，必须服兵役两年，第一年在本郡当郡兵（称为正卒），第二年选拔"课殿最"中的优秀者送至都城做京兵或送至边境做边兵（称为戍卒）；但遇有大规模战事时则须随时从征。

2. 京兵，汉初建时，在东、南部分封了一些宗室和勋贵，手握悍将骄兵，西北则匈奴屡犯，而郡兵散于四方，遇有边患内乱，远水救不了近火，为了确保京畿重地安全，故此建立了一支精锐的京兵，西汉的京兵按职责不同分为四部分。

一是南军，是负责皇宫各殿外至皇宫宫墙内的卫士，最高长官是卫尉，办公衙门在皇宫内，卫士们沿着宫墙扎营；因为卫士们驻防在皇宫——未央宫，而未央宫又地处长安城的南部，故此又称为南军。南军在创建初期约两万人，至武帝时约为一万

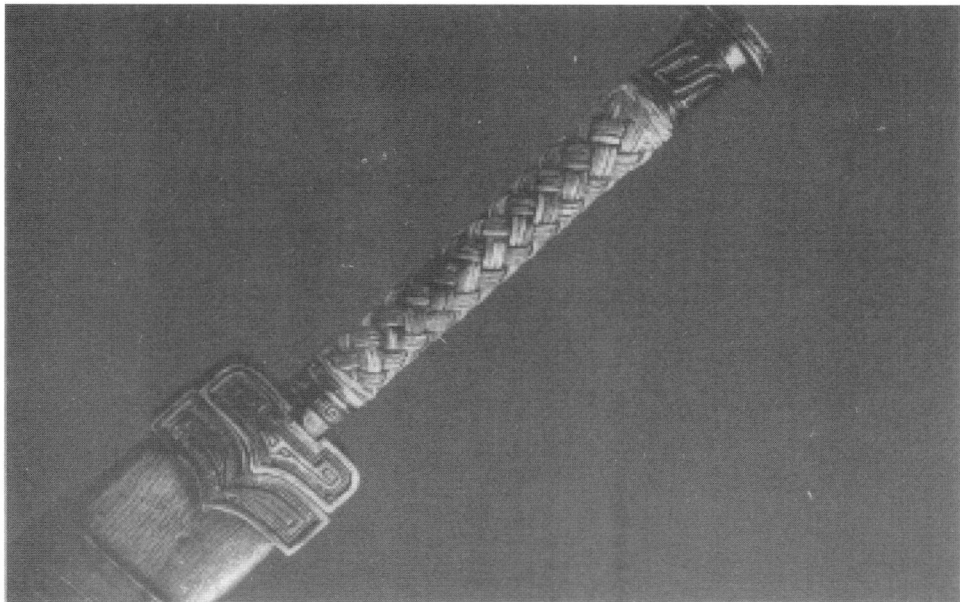

出土的宝剑文物

人；南军士兵从郡兵中的优秀者选调，一年一换。卫尉属下有一名南宫卫士令，统帅南宫卫士；一名北宫卫士令，统帅北宫卫士；左都侯、右都侯各一名，负责日常巡逻；每个宫门各设一名司马，掌管进出宫的盘查事宜。

二是北军（又称屯兵），是负责守卫京城的驻屯军，平时维护治安，遇边警、内乱则以一部分或全部出征，最高长官是中尉，因其驻地在长安城内北部，故又称为北军，士兵也从郡兵中选调，具体人数不定，视时局时增时减。武帝时曾经对京兵改制，中尉改称执金吾，加派监军御史辅助、牵制之，防止专权。执金吾通常有一支亲兵，称为缇骑，是一支全由骑兵

秦始皇陵兵马俑

组成的快速部队；执金吾下设中垒校尉、屯骑校尉、步兵校尉、越骑校尉、长水校尉、胡骑校尉、射声校尉、虎贲校尉、三辅都尉，职权范围由长安城内至京畿。

三是郎官（又称郎卫），类似于清朝的御前侍卫，负责皇宫中各殿内的护卫、陪同皇帝出巡，人数不定，最高长官为郎中令，武帝时改名为光禄勋。郎官分为议郎、中郎、侍郎、郎中、外郎，武帝时增设建章营骑（后改名羽林骑）、期门（后改名虎贲郎）、羽林孤儿（收养的战死将士的遗孤）。郎官通常选自西北诸郡孔武有力的良家子弟和功臣、勋贵之后，待遇优厚、装备精良、对皇帝无限忠诚，属于死士。

秦始皇陵兵马俑

西汉马车

秦始皇大权独揽，是国家军队的最高统帅

四是城门屯兵，最高长官为城门校尉，负责守卫京城长安的 12 个城门，人数不详。

但如果遇有大规模战事，还会频繁补充兵员，主要形式有：

谪发刑徒，又称为"七科谪"，即被判刑的人、杀人者，入赘的女婿、在籍商人、曾做过商人的人，父母、祖父母有商贾市籍的人等是当时社会地位比较低的人，随时会被充军，这些人多重利轻生，战斗力很强。自武帝时实行募兵制，盖因武帝时用兵地方很多、"买复"（即交纳一定的钱粮或奴婢可免除劳役、兵役）日盛，也因为募兵长期以此为生，大都受过良好的训

楚王陵前的楚王雕像

练，战斗力较强。

为了保证必须的军费，规定不能出"更卒"的适龄男子每人每年要交"更赋"300 文钱；还有"算赋"，15—56 岁的男女每人每年 120 文钱，商、奴、入赘婿加倍，年满 15 岁的独身女子要交 600 文钱（鼓励早婚早育以繁衍人口）。另外，武帝北击匈奴时，因其辟地万里，粮草转运艰难，故此征集边兵 60 万人戍边、屯田（《史记·平淮书》），新设屯田校尉、护田校尉等职。

（二）东汉军制

东汉（25—220 年），刘秀建立，定都洛阳，

史称东汉。

东汉军职制度第一次严密化、制度化。统辖军队的将军在两汉一般不常置，掌征伐背叛，非常尊贵，权臣常以大将军、骠骑、车骑、卫将军、前后左右将军等将军辅政。东汉中前期，度辽以及其他杂号将军皆秩二千石，与郡太守地位相等，除度辽外，其他杂号将军一般事罢即撤。将军既贵重，后来许多文职官僚也常常加重号将军，不统辖军队，只是作为殊荣而加赠。将军地位尊贵，与将军号少且不常置有关，但更主要是跟秦汉以来社会具有浓厚尚武精神有关。许多农民起义军的首领也常因此自称将军，如黄巾的天公、地公、人公将军。东汉末，各割据势力无将军之号则不显其重，其中朝廷封赠将军比私署贵重，其他军职也如此。

汉代以"若干石"构成十七八级的禄秩等级，中郎将、校尉、骑都尉、郡都尉禄秩均为二千石，禄秩相当。随着军队规模逐渐扩大以及军旅常设，原来的军职明显不足，因此杂号将军、中郎将、校尉、都尉逐渐增多，而军事指挥体制上的需要也将各种军职按照一定等级排列起来，这

秦始皇陵兵俑

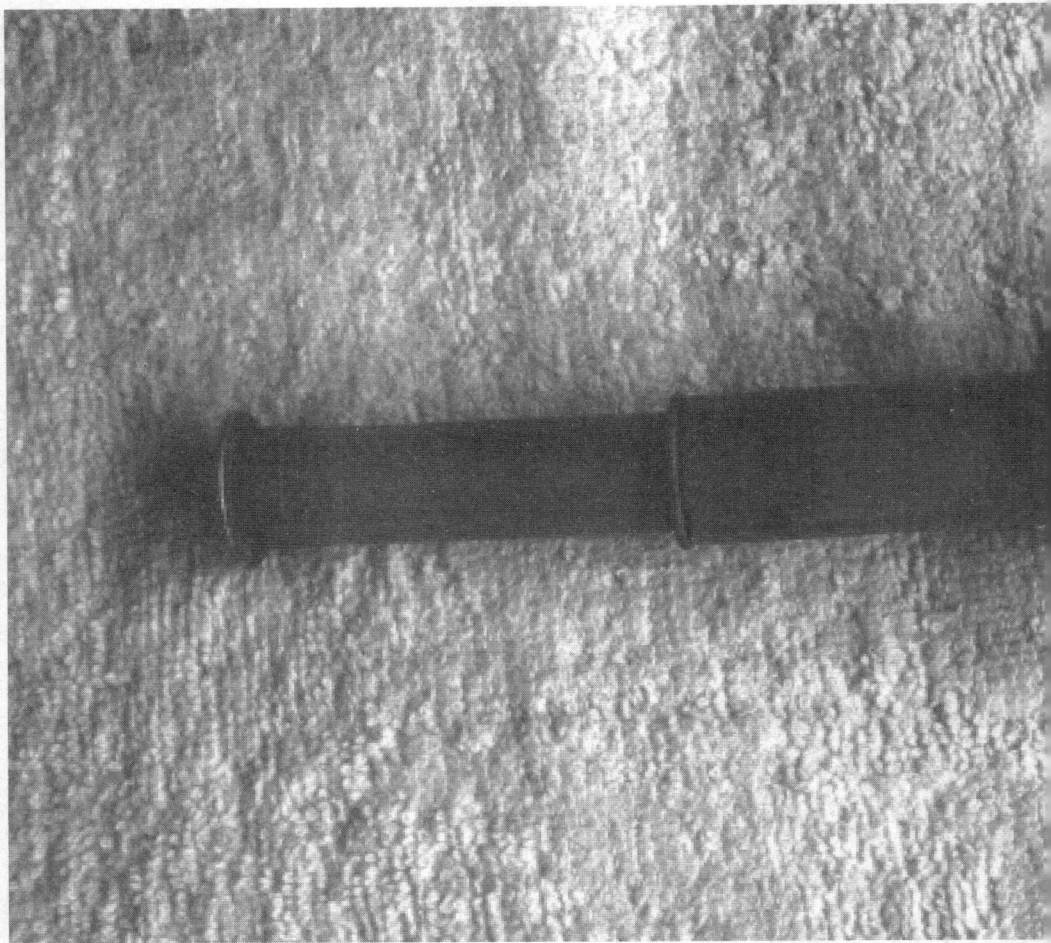

单管望远镜

些趋势由地方开始，最终在建安年间由曹操通过汉王朝中央政府集其大成，并系统化、制度化。

黄巾起义始，几位汉朝将领都以中郎将、持节之职带兵镇压起义军，像曹操以骑都尉之职归左中郎将统辖，再如董卓部下也是以中郎将指挥校尉，这些都说明中郎将地位已

镇海楼古炮

经渐渐升高，位在校尉、都尉之上。

　　初期，增设的军职主要是杂号中郎将、校尉、都尉，杂号将军还很少，因为许多割据势力首领自身也才是杂号将军，例如孙权长期都是以讨虏将军割据江东，赤壁之战后刘备表权行车骑将军，而曹操在建安前也长期为杂号将军。

华山栈道

到了建安后期，杂号将军增多，两汉比较久远的杂号将军，如四征、伏波、度辽等，地位也比后设的尊贵，例如夏侯惇曾以伏波将军都督二十六军，夏侯渊以征西将军坐镇关中、汉中。征镇、安平等将军号随着曹魏都督制的建立地位也逐渐升高，而原本尊贵的前后左右将军地位则逐渐下降。

校尉、都尉等军职也是如此，不少人是以校尉、都尉领郡太守职。其中，各校尉、都尉也不可一概而论，五校的地位比后来增设的杂号校尉要高。黄巾起义前，除了边郡，因州郡兵撤销，作为主捕盗贼的郡都尉也被撤销。黄

古代短兵器

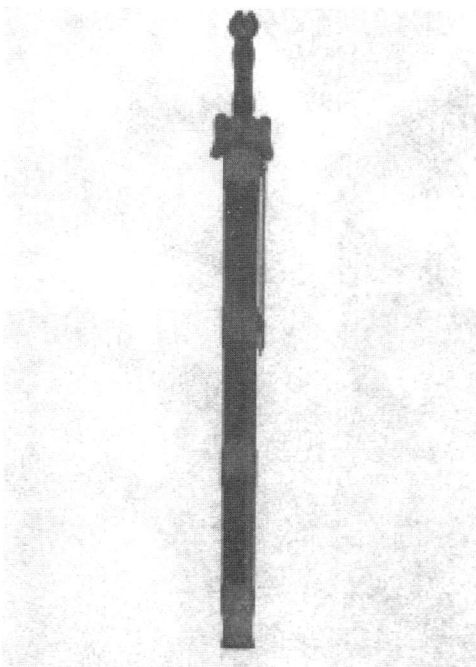

古代宝剑

两汉、三国、魏晋南北朝军制

巾起义后，州郡兵兴，由于军职不足，都尉之职便重新设置，并主要作为军职使用，跟以往的职能稍有差异。

曹魏的军职制度与汉朝的禄秩等级制度以及选举制度在陈群等人的糅合下，最终形成了著名的"九品中正制"。秦汉"职秩合一"制度的基础上诞生的曹魏军职制度包含了等级严密、覆盖全面的特点以及职阶分离的萌芽，在魏晋南北朝长期战乱中得到强化，最终成为唐宋的"阶职分立制"官僚制度的动力之一，其历史作用不应低估。

（三）三国军制

三国是继东汉而出现的时代称号，由于

秦始皇陵战马

魏、蜀、吴三个国家鼎立而得名。三国始于公元 220 年魏国代汉，终于公元 265 年晋代魏。其军事制度基本沿袭汉制，但又有所变化，主要是建立中、外军体制和实行世兵制。

曹魏军队分为中军、外军和州郡兵。中军是曹氏父子以及后来的司马氏直接统辖的部队，前期较少，驻于京城之中，后期逐渐庞大，渐扩驻至城外。主要负责宫廷和京城宿卫，亦兼出征。编有中领、中护、中坚、中垒、武卫各营。外军是派驻边州重镇的军队，主要任务是征戍。驻守在与蜀、吴交界地区的外军，且耕且守，实行屯田。屯田兵以营为单位，每营编 60 人。州郡兵属地方武装，力量较弱，以守备本州、郡为任，必要时也应召出征。

曹魏的军事大权集中于中央，下设各将军、校尉，分领中军诸营。在将军中以领军将军、护军将军最为重要，对内辅佐统帅，参与军事机要，对外监护诸军。魏末，中领军将军总统诸营，职权极重。外军由中央派都督分领，都督多由冠以一定名号的将军及中郎将充任。屯田兵则分设度支都尉、度支校尉、度支中郎将管领。曹魏

秦始皇陵战马

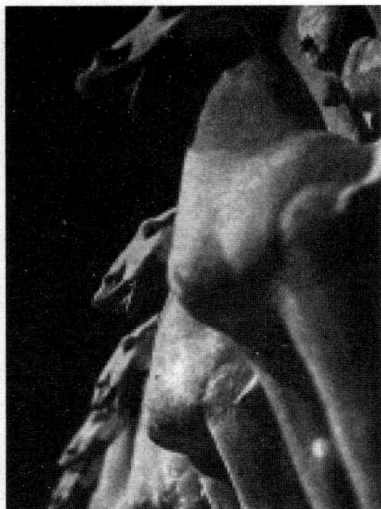
战马

军队的补给由国家统办，军粮、军费依靠租调和屯田收入，其中屯田收入在军粮供给中占很大比重，还设有司金中郎将负责监造兵器。

曹魏军队可区分为步军、骑军和水军。在前期，兵员靠募集、征发及强制降俘和少数民族为兵等，到后期逐渐形成世兵制，并成为主要集兵方式。世兵制使服兵役成为一部分人的特定义务，这部分人称为士，其家称为士家或兵户，士家必须集中居住，另立户籍，与民户分别管理，子孙世代为兵，士死其寡妻遗女还要配嫁士家。

吴、蜀的军事制度大体与魏制相同，但也有差异，如吴、蜀中央均置中、前、左、右、后五军。吴军以舟师为主，步兵次之；蜀军以步兵为主，骑兵次之。吴实行世袭领兵制，即将领世袭，士兵是将领的私属，他们除打仗外，还要为其将领种地、服杂役。吴、蜀还编有少数民族部队，蜀有叟兵、青羌兵等，吴有山越兵、蛮兵、夷兵等。在武器装备方面，较秦汉时也有所发展，相传蜀相诸葛亮曾研制成一次可发十矢的连弩，又造"木牛""流马"运送物资，提高了军队的补给效率，吴国所造名为"长安"

的战船，可载士兵千余人。

三曹像

（四）晋朝军制

西晋(265—316年)，公元265年曹魏大臣司马懿之孙司马炎篡夺皇位，改国号为"晋"，定都洛阳。以其强大的军事力量统一了当时分裂的中国，结束了东汉以来的混乱局面。西晋统一全国后，沿袭曹魏的军事制度，初期中军强，外军弱，中后期宗王出镇四方，又于王国设置军队，并盛行世兵制。东晋时，外军转强而中军较弱，集兵方式改以募兵制为主。

西晋军队分为中军、外军和州郡兵。中

御手俑

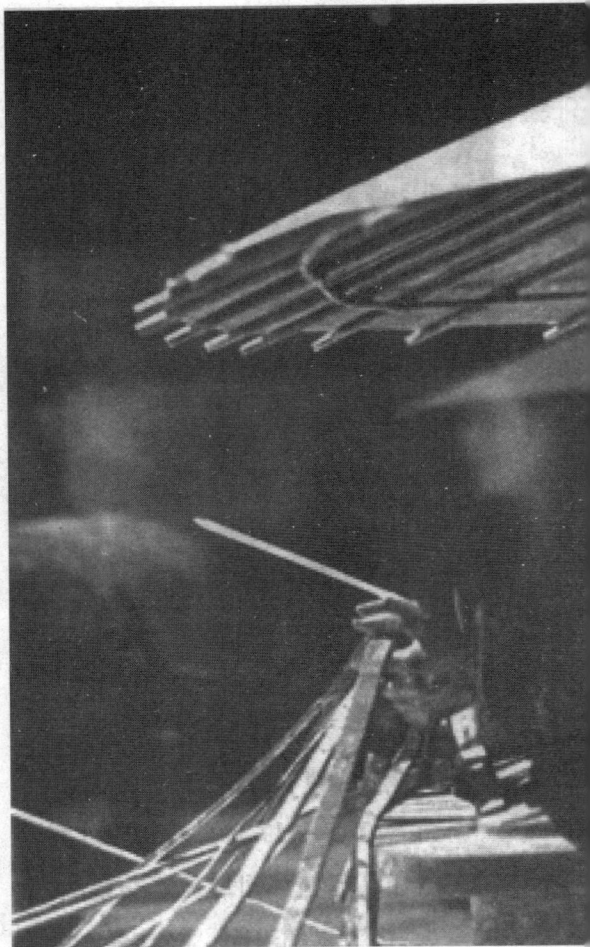

秦始皇陵兵俑

军直属中央，编为军、营，平时驻守京城内外，有事出征。驻在城内的中军为宿卫兵，由左、右二卫负责宫殿宿卫，其他军、营担任宫门和京城宿卫。驻在京城外的中军称牙门军，无宿卫任务。中军力量强大，晋初多达36个军，总兵力不下10万人。

西晋是世兵制的全盛时期

外军驻守重要州镇，由都督分领。晋武帝为加强王室对军队的控制，用宗室诸王充任都督出镇四方，并允许诸王置兵，大国三军5000人，次国二军3000人，小国一军1500人，成为外军中的一个特殊组成部分。州郡兵是地方武装，晋武帝平吴以后曾下令诸州取消州郡兵，仅置武吏，

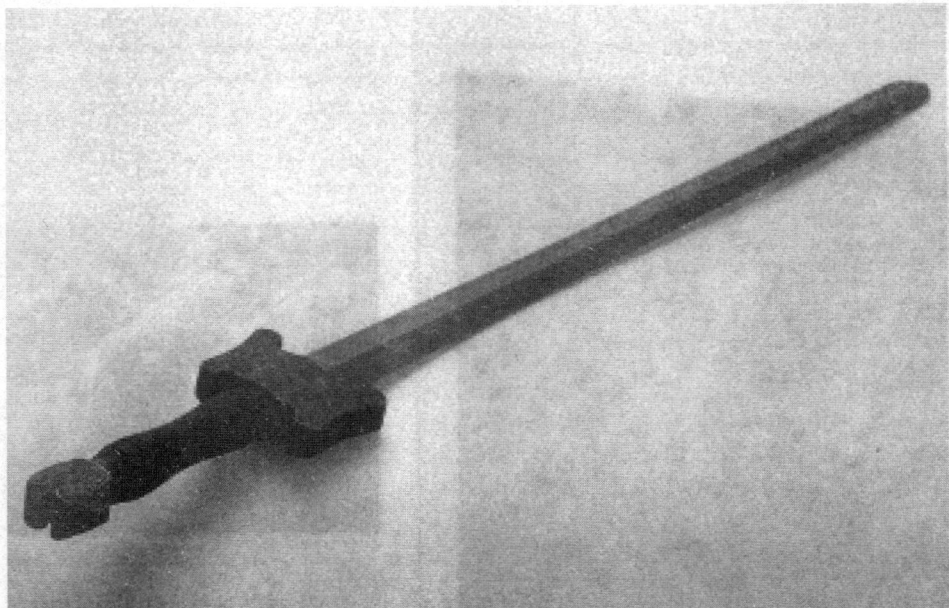

古代宝剑

大郡 100 人，小郡 50 人，用以维护治安，但实际上取消的州郡兵非常少。

军队的最高长官为都督中外诸军事。下有中军将军，总领宿卫兵；左、右卫将军，统宫殿宿卫兵；领护等将军、校尉，分统宫门和京城宿卫兵；四护军分统城外中军，又有都督各州诸军事和征、镇、安、平等将军，分统外军。

西晋是世兵制的全盛时期，凡为兵者皆入兵籍，单独立户，不与民同，父死子继，世代为兵。士兵及其家属的社会地位低于郡、县编户民。为扩大兵源，西晋还编发奴僮和

谪发罪犯为兵，作为世兵制的补充，士族
官僚享有免役的特权。

军队的主要兵种是步兵，其次有骑兵
和水军。武器由政府统一供给，国家建武
库贮备兵器，中央设卫尉总管武库和冶铸
事宜。军队的粮食和布帛也由政府统一供
给和管理。

东晋（317—420 年），是由西晋皇室
后裔司马睿在南方建立起来的小朝廷。

东晋基本沿袭西晋的军事制度，但也
有许多重要变化，由于皇权衰微导致中军
衰弱，宿卫军、营往往有名无实，而统率

两汉、三国、魏晋南北朝军制

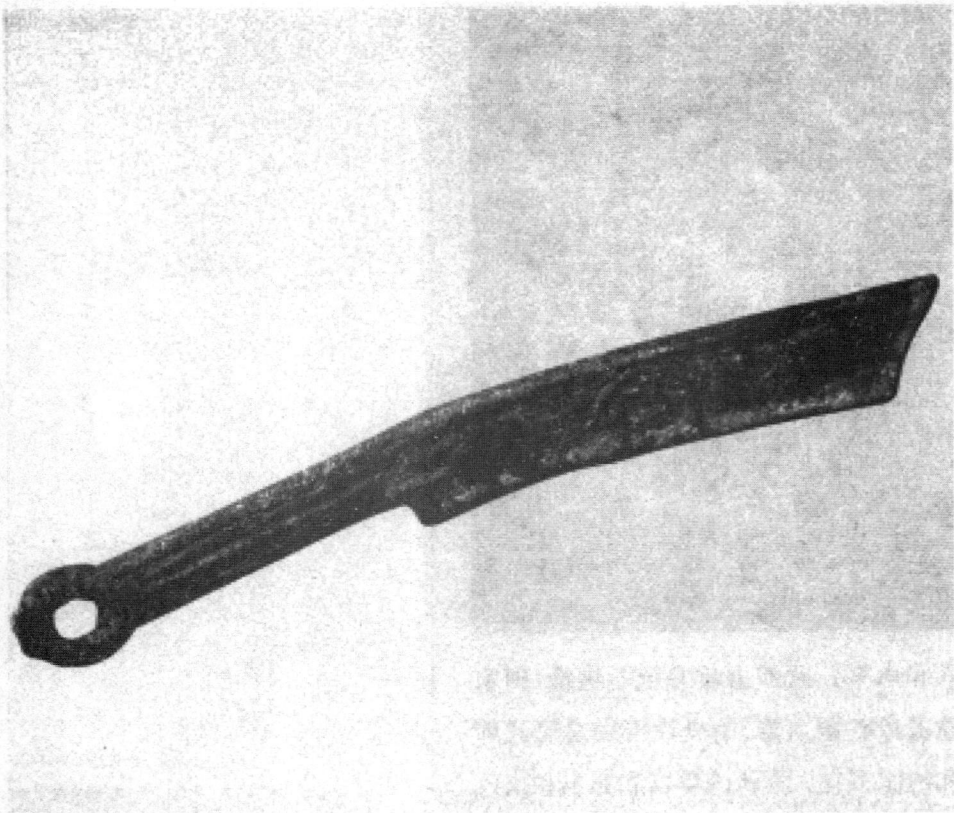

古代兵器

外军的都督、刺史却拥兵自重，跋扈一方，特别是长江上游的州镇，兵势之强往往超过中央。同时，东晋的兵员多用募兵制解决，如参加淝水之战的北府兵多是从广陵一带招募的，此外也征发民丁为兵。

（五）南北朝军制

南北朝时期是两晋以后中国历史上的一个分裂时期，从公元 420 年开始，到 589 年北隋灭南陈结束，共 169 年。

南北朝时期国家分裂，政权常依军权的大小和兵势的强弱而频繁更替。南朝军队体制基本沿袭晋朝军制，士兵制衰落，主要实行募兵制。北朝，拓跋氏初期乃实行兵民合一的部族兵制，入中原后逐步封建化，后期创立了府兵制。

南朝宋、齐、梁、陈的军队，多有中军和外军的区分。中军直属中央，平时驻守京城，有事出征，宿卫京城的编为领、护、左卫、右卫、骁骑、游击等六军。宋武帝刘裕曾恢复屯骑、步兵、越骑、长水、射声等五校，加强殿中和东宫宿卫兵力，以图扭转东晋以来内弱外强的局面，由于宗室自相残杀而未果，以后各个政权都未能改变这种局面。外军分属各地都督，都督多兼刺史，常

古代兵器

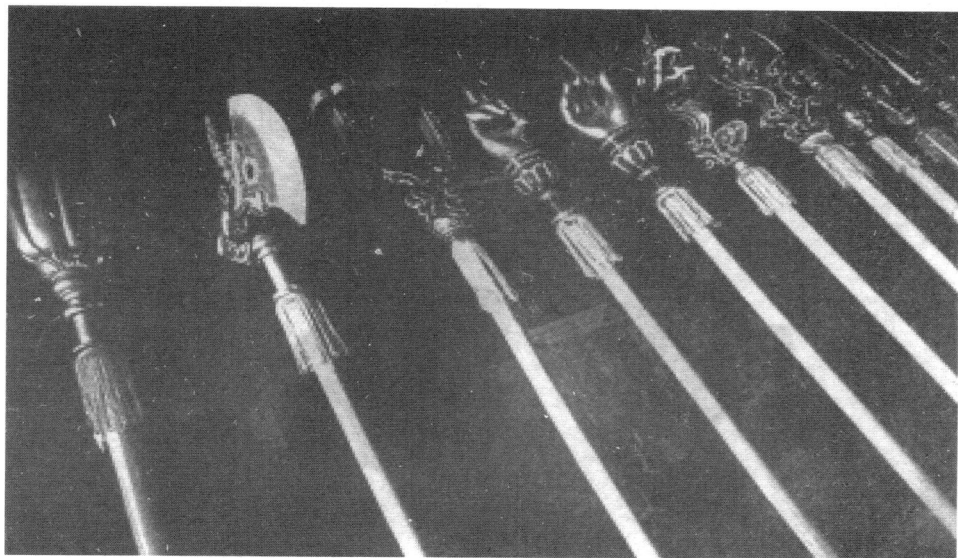

拥兵自重与中央相抗衡。

军队以步兵和水军为主，骑兵较少。初期兵员来自世兵，后来由于战争的消耗和士兵的逃亡，部分兵户变为民户，兵源趋于枯竭，于是募兵制逐渐成为主要的集兵方式，招募的对象是大量的失地流亡农民，将领待兵亦较宽惠，因而士兵的地位和战斗力都高于世兵。

北朝北魏军队，初期以鲜卑族为主体，也吸收被征服民族的成员当兵，分由各部落酋长率领，几乎是单一的骑兵。在其统治范围扩展到汉族集中居住的地区以后，汉民当兵人数增加，攻城战增多，军队由单一的骑兵变为步、骑兵结合，后期步兵比重超过骑兵成为主要兵种。

北魏统治扩大到中原以后，军队分为中兵、镇戍兵和州郡兵。中兵亦称台军，主要担任宫廷及京城的宿卫，也是对外作战的主力。有羽林、虎贲、宗子、庶子、望士等名号，以领军将军为最高长官，下有幢将、羽林中郎将等。镇戍兵是为保卫边防而设置的，初时仅设置在北部边境，后来扩展到南部边境。镇相当于州，设镇都大将、都副将、大将、将等军官，戍相当于郡，设戍主领兵，

青铜宝剑

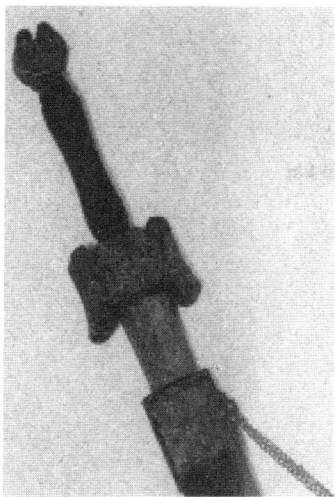

两汉、三国、魏晋南北朝军制

桃木剑

一般由郡守兼任。各镇、戍大小不一，兵额不等，多达数万，少则千人，在镇、戍之间有的还设防一级组织。州郡兵，置都尉统领，是诸州所辖的、维护地方治安的部队，有时也奉皇帝调遣出征或充作镇戍兵。

五、隋、唐、五代军制

（一）隋朝军制

隋朝（581—618 年），581 年，北周外戚杨坚代周称帝，改国号隋，年号开皇，定都长安。隋朝军制沿袭和发展了西魏、北周的府兵制。在皇帝直接统辖下设立十二卫府，每卫府统一军，置大将军一人，将军两人；下辖骠骑府、车骑府，分置骠骑将军、车骑将军；再下设大都督、帅都督、都督。炀帝时改骠骑府为鹰扬府，置鹰扬郎将，并取消将军、都督等名号。军府按"中外相维、重首轻足"的方略，分置在京城及冲要地区，除临时受命征伐外，平时主要担任京城宿卫和其他军事要地或重要设施的驻守。府兵与

明代雌雄双剑

禁兵及其他军队相互为用，相互钳制，以便皇帝控制军队和维护全国统一。

为了加强中央集权，文帝对府兵作了重要改革。在代周前后曾下令将府兵将领赐胡姓的恢复本姓，军人也不再随从将领的姓氏，重新整理乡兵，收编为国家军队。开皇十年（590年）又颁布诏书，规定"凡是军人，可悉属州县，垦田籍账，一同编户。军府统领，宜依旧式"（《北史·隋本纪》）。军户编入民户，改属州县管辖，但军人仍有军籍，无论在军、在役或在家，凡军役范围内的事宜，均属军府管理，军人依均田令受田，免纳租庸调，平日生产，每年有一定时间轮番宿卫，战时出征，资装自备。在乡为农，在军为兵，实行兵农合一、寓兵于农的制度，这是隋朝及唐初府兵制的特点。

隋朝常备兵约60—70万人，战时征募达130万上下。炀帝时，大肆扩军，"增置军府，扫地为兵"（《隋书·食货》），还"募民为骁果"，而"骁果之家，蠲免赋役"（《北史·隋本纪》）。因此，"租赋之入益减"（《隋书·食货》），府兵制也遭到削弱。

人头形权杖

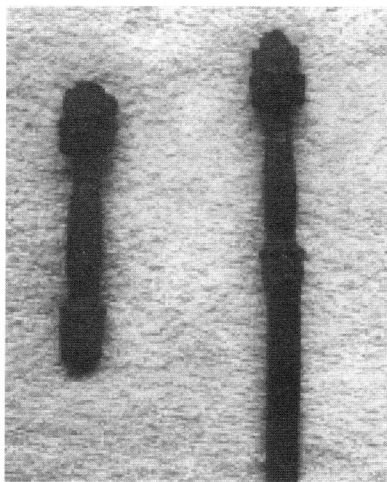

隋、唐、五代军制

（二）唐朝军制

　　唐朝（618—907 年），李渊建立，共延续了 289 年，传了 21 位皇帝（加武则天则为 22 位皇帝）。唐在文化、政治、经济、外交等方面都有辉煌的成就，是当时世界上最强大的国家。盛唐之所以强盛，与其军事力量的强大是分不开的，唐朝要求士子通晓弓马骑射的基本功，自从武则天开创武科举以来，国家号称天朝上国、百万雄师。

　　早期唐朝军队沿用"府兵制"。以班田制的农户为基础，于天下各道、州、县要冲设军府六百三十四所，总称折冲府，依编制规模大小分置上、中、下三等，府长官折冲

古代行军场景

古代作战场景

都尉（正四品），副长官左、右果毅都尉，在府下设有团、官校尉，团下有队，设队正，队下为伙，设伙长。每营下辖五队，每队下领三伙，每伙领五位什长，各领十丁。以营为基本单位，按军种的功能和配备还可分中垒、屯骑、射生、越骑、步伍、长水等。其部属官品级依次为：别驾、长史、六曹尉、参军。主管各地戍军及军户，府依规模分上、中、下三等，兵役以一年五番轮流执役，约为 1000—4000 人，最多时全国有六百多府，共计军卒七十余万，常年保持三分之一在役。于中央设十六卫将军衙门专事天下军马，分别为：左右卫、左右骁卫、

长安城宫门城墙遗址

左右武卫、左右威卫、左右金吾卫、左右领军卫、左右监门卫、左右千牛卫，除左右监门卫、左右千牛卫督京师兵马外，其他各卫还兼领关中三百多府府兵，最高上将军基本不设，以大将军总领诸卫、十六卫，每卫长官为赐号将军，下设中郎、中郎将、左右郎将、以及录事参军、仓曹、兵曹、骑曹、胄曹参军，每卫维持卫军25000—40000人，所领为常备军，卫军基层营编制略高于府兵，习惯统称为鹰扬卫，营官上多一级旅帅，长官为鹰扬郎将，品级高于府兵果毅都尉，约常备兵马二三十万。

长安内城、皇城另有皇家禁卫左右羽林军，

左右龙武军、左右神武军为皇帝亲卫部队，合称北衙六军，又称北军，最高长官统军，大将军、各军领军将军及部属设置同卫军。在地方，中央下辖天下十六道及数个大都护府、都督府，在道一级设节度使、都督、都护三种军区编制，以节度使权力最高，通常设元帅。于边境设大都督、都督，同样总领数州军政大权，管辖范围大小不固定。边庭设都督，上设大都护府、都护府，除统辖边防外还兼处理边地各族事务，同卫军大将军皆为正三品。

当时作为主要兵源的府兵执役分征、防

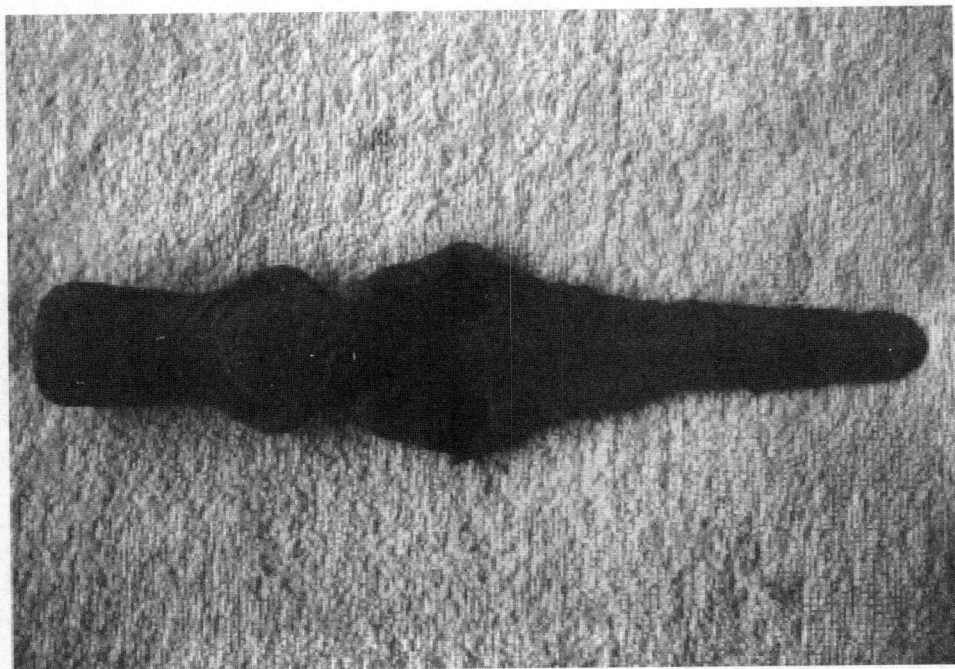

蛙形铜矛

两种，征即临时调派，防则固定上防，除亲身上番外，还可以输资代番，依军职大小和距离缴纳一定的绢或钱，执役的都是永业田的农户，一年五次，一般最长不得超过三年，否则容易造成士兵逃亡。

军府按性质又有内府外府之分，内府就是京师地区戍军，同京师宿卫军三卫，以及太子三府三卫合称南军，与之相应的，就是天子亲检的北衙禁卫六军又称北军，前者多为宰相领下十六卫之金吾卫将官所辖，驻地太极宫前朱雀门内，后者一般为亲王或内庭中官领，军衔属十六卫监门卫，居御苑中。而所谓五府即京畿五州所出的府兵，三卫即勋、翊、策等内城卫，分左右两部，多为大臣世官子弟出任，为一般士大夫世家子弟进身之阶，其中又属策卫是诸卫府中最为皇家亲信，可以宿卫内庭，列于内仗，凡朝会出行，还和左右卫、左右武卫、左右骁卫的署兵一起交错立仗，或在京城诸门，交错担任"助捕""巡警"等任务。以上统称宿卫军，和北军交错共当京师防务，太子三府三卫即太子卫队仪仗，军职官衔同上但规模要小得多，一般由八辅中太师、太保、太傅等三孤三少名义上挂领。

禁兵最初是羽林屯兵，又称北门屯军，屯所玄武门，每军编制约二万，年代久远，皆以其子承父职，又称世袭父子兵。

龙武军起源于唐太宗贞观时，择善射精骑者设飞骑七营，经历代累计扩编至万骑，因助当今玄宗皇帝有功，增补扩编为左右龙武军，各 15000 人，为京师各军中唯一的骑兵部队。

神武军系出自边军轮换时选拔的精锐，数量最少，皇帝用不同系统的兵源相互制衡，避免了将领同出一门下，防止个

例进仕撤牌（局部）

古代军俑

人专权，并借此保持军队的战斗力。

当时南北衙轮流宿值，不但驻屯和值宿交错，连将领也相互渗透交错管辖，皇帝就是通过这种"相互检侍"的方法，以达到互相节制、避免某将领的权力过大的目的，由于驻地交错要想进入对方营防就必须执赦书，经引驾仗官和监门官奏复方可入。领天下兵马主力的各卫大将军一职多为虚衔，由权臣或亲王充任，由将军主持实务，而大都督、大都护也是由外藩亲王或部族首领充任名义，平时各卫有兵却无权调动，兵部有权调兵却无兵可管，只有皇帝诏旨才能令两者合一，大军出动。

边军系统采取的是世袭军户制，类似羽林军中的父子兵，即由最初朝廷招募的义勇为边军基础，就地安置建立军户，军户可以免除相当的税赋徭役，作为条件每户必须世代出丁进补上代边军的缺额。

卫军是朝廷从府兵中选拔善战者组成的野战部队，边军则相当于现代的世袭边防军，府兵为各地守备部队和卫军的后备兵源，都属常

明代手挡

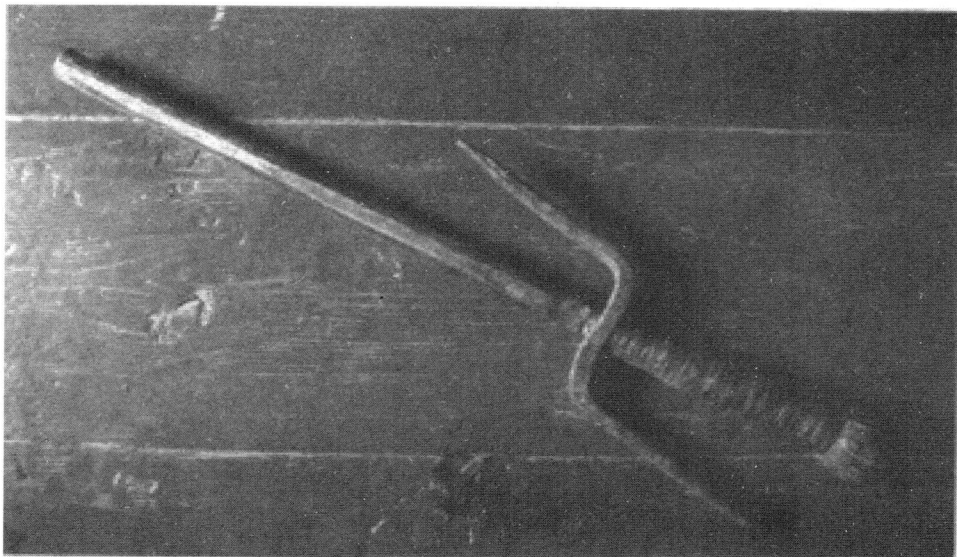

备军。

（三）五代军制

唐朝灭亡后的五十多年间，继唐末藩镇之乱，封建割据转趋严重，朝代更迭频繁，中原地区先后建立了后梁、后唐、后晋、后汉和后周五代，同时南方和其他地区还有分别割据一方的很多政权，主要有吴、南唐、吴越、楚、闽、南汉、前蜀、后蜀、荆南、北汉十国，史称五代十国。这一时期军事制度混乱。

由于五代各朝帝王都是靠亲军夺取政权的将军，因此极其注重加强军事领导机构和掌握军队。后唐设"判六军诸卫事"，后晋设"侍卫马步军都指挥使"，后周又增设"殿前都点检"。五代后期，

鸡头青铜仗

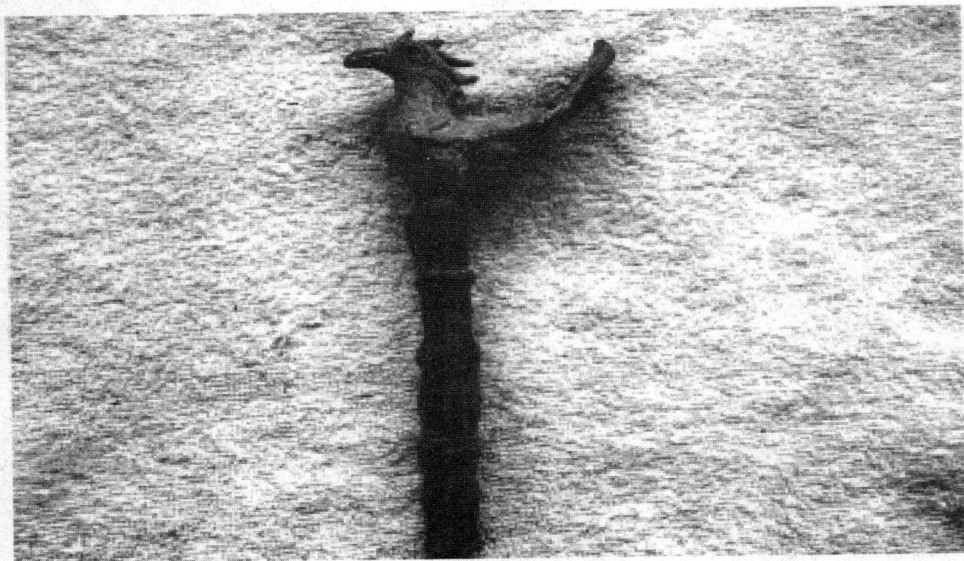

枢密使也开始主管军政和军队出征，另设
招讨使、都统、都部署、行营都指挥使等
统兵官。

　　五代时期，军队的主力为禁卫六军，
六军又分左、右，实为十二军。五代初期，
普遍设立亲军，亦称牙军，以此作为私人
武装的核心，后来牙军得到进一步发展，
有的设置义儿军，与主帅具有更为密切的
隶属关系，除禁卫军外，各州、县还有由
节度使率领的地方军。军队主要是步兵，
其次是马军，江南地区也重视建置水军。

华山

　　五代主要实行募兵制。为了表明隶属
关系，防止逃亡，对应募士兵，"皆文其面，
以记军号"，此时期军法极其严酷，但为
了笼络军心，有的帝王对骄兵悍将又十分
姑息纵容。

　　五代时期有时还征集在乡丁壮为兵，
也就是乡兵，后晋开运元年（944 年）令诸
道、州、府、县点集乡兵，规定七家税户
共出一兵，兵杖器械共力营之，并以"武
定军"为号，后改"天威军"，但因为乡
民不娴军旅，教阅没有很好的效果，不久
便被解散。南方吴国武义元年（919 年）征
其乡兵，教习战守，称为"团结民兵"，

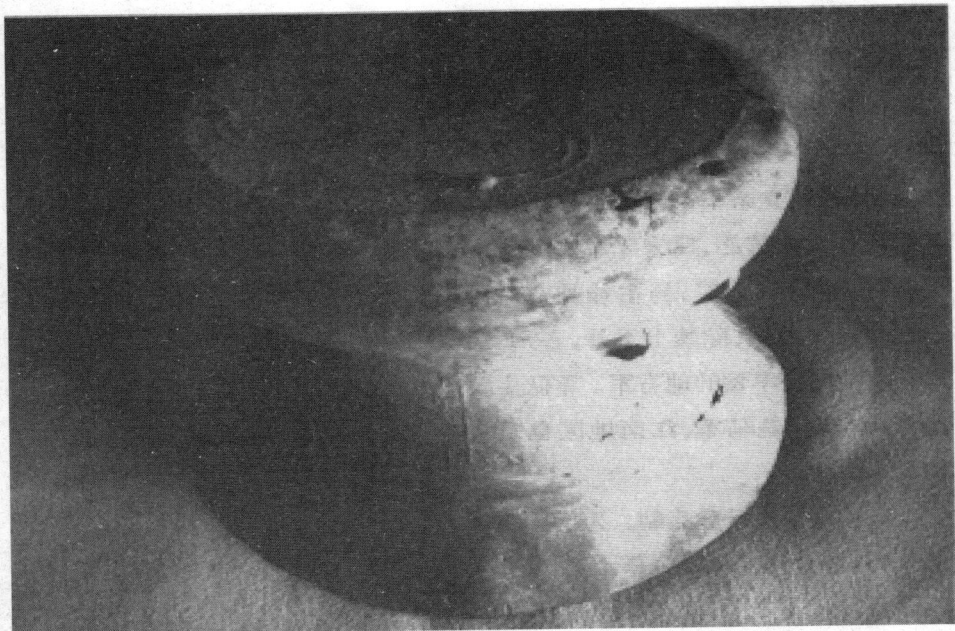

战国时期的铜鼓

但为时很短，其中也有强令出钱或缴纳实物代役的情况，这实际上是由一种兵役演变成为一种军赋。

五代时，除经常的庞大军费开支外，军将为让部下忠实卖命，对士兵的赏赐也非常之多，养军耗费极大，相沿成习，成为各代的沉重负担。后周世宗柴荣于显德元年 (954 年) 在高平之战险遭失败后决计整顿军队，先斩不战先溃的右军主将以下 70 余军吏，使"骄将惰卒始有所惧"，选诸军精锐者升为上军，羸弱者予以遣散，挑选各节度使属下的"骁勇之士"，"以为殿前诸班"，用以削弱地方兵权。

六、宋、辽、金军制

太阳饰青铜兵器

（一）宋朝军制

宋朝（960—1279年）是中国历史上上承五代十国、下启元朝的时代，根据首都及疆域的变迁，可分为北宋与南宋，合称两宋。

由于赵匡胤本人经历了五代的混战，从禁军起家，因此对军制的弊端非常了解。所以他当了皇帝以后，首先就着手整顿禁军，赵匡胤通过"杯酒释兵权"，撤换了一批有能力、有威望的将领，换上了一些资历比较浅、相对平庸的将领，便于自己掌控。不再任命总领禁军的殿前都点检，而侍卫亲军都副指挥使也不再任命，这样侍卫马军和侍卫步军遂分立，加上殿前司，合称三衙。三

双管望远镜

衙掌管禁军，地方上的厢禁军也隶属于侍
卫马军或者侍卫步军，由此可见，三衙掌
握了全部的军权。但三衙的职权大为削减，
主要负责训练。天下的兵籍、武官的选授、
军队的调发更戍、以及兵符的颁降等是由
枢密院掌管的，而在禁军作战出征的时候，
宋太祖往往派其他的官员作为统帅，战事
结束，兵归三衙，将还本职。这样握兵权、
调兵权、统兵权三者分开，将领失去了与
士兵的密切联系，任何一方面都不可能拥
兵自重。宋太祖还加强了禁军的选练，裁
汰老弱士兵，让他们回家从事生产。对于

鞋形铜钺

虎头青铜钺

明代长兵器

那些既不能归农，又不能作战的士兵，则设置剩员进行安置。宋太祖为了提高禁军的战斗力，多次派使臣到各地去选择精兵充实禁军并亲自检阅。在平定各地割据政权的过程中，宋太祖也把各小国军队中的精兵收编入禁军编入殿前司。同时，北宋初年还实行募兵制，游民、饥民和所谓的"盗贼"不断被

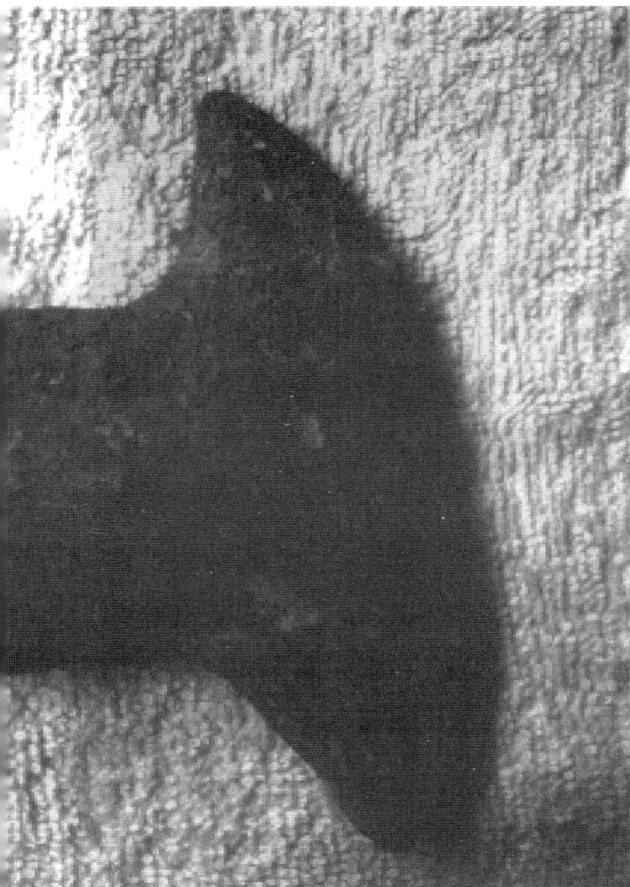

清代士兵作战所穿的铠甲

编入禁军，这样无论是各地方军，还是民间的不稳定力量都大大被削弱，巩固了统治，加强了中央的军力。宋太祖注重禁军的教阅，并通过经常的教阅有效地提高了禁军的战斗力。鉴于前代禁军骄横犯上的教训，宋太祖对禁军的纪律要求非常严格。制定了"阶级法"，严明了军队内部的等

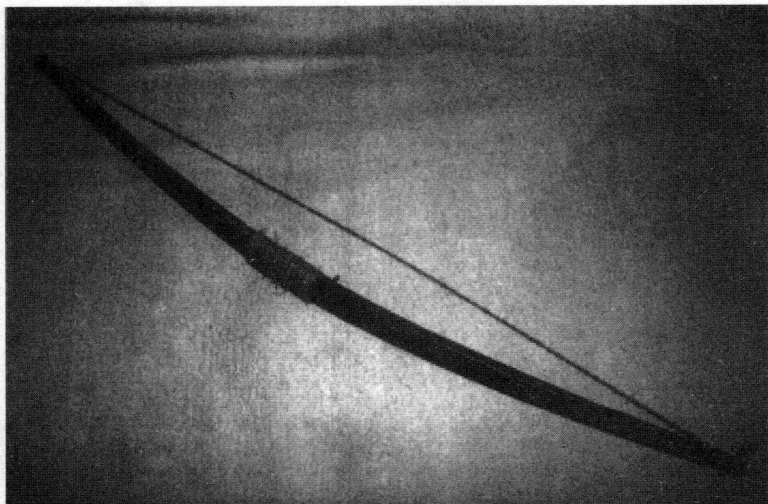

明代弓箭

级尊卑关系。各级军校各司其职，掌握着对下级的生杀大权，使得将士不敢再轻易作乱。一方面禁止结社，防止各种小集团的产生，另外一方面特别注意提防军中的闹事分子，一经发现将毫不留情地进行镇压。在作战出征之前，宋太祖都会申明军纪，禁止烧杀抢掠，对于犯法的将士将进行处罚。以前禁军闹事，大多是为了追求自己的经济利益，所以北宋禁军的待遇非常优厚，对于家属也有妥善的安置，使禁军将士不会因为生活没有保障而作乱，从而减少了兵变的可能性。

南宋时期军事制度较之北宋有很大变化。高宗开元帅府节制诸军，枢密院的军事领导体制虽然基本保留，但朝廷控制军队的能力已削弱，枢密院的军权也随之缩小。禁兵已不居主要地位，蕃兵已不存在，而乡兵建置更为繁杂，军队的主力为屯驻大兵和三衙诸军。屯驻大兵即抗金各将领所率领、屯驻在前线的军队，后来朝廷为加强对各屯驻大兵的控制，将其改为御营军或行营护军。绍兴十一年 (1141 年)，又剥夺韩世忠、张俊、岳飞等大将的兵权，把他们的部队改为御前诸军，"遇出师取旨，兵皆隶枢密院"。屯驻大兵多是亲族乡里和军将的旧时部曲，战斗力较强。此外，三衙分别领率三支大军，初、中期在沿江和川陕边界还陆续组建十支御前诸军，这十三支军队有军、将、队等编制，统兵官有统制、统领、正将、副将、准备将等，兵士一般区分为效用和军兵两级，每级又分若干等，每支军队中有一定比例的"不入队人"，充辎重、火头等非战斗任务，宋宁宗时这些制度又遭破坏，往往以文臣控制军队。

明代候选训导牌

（二）辽代军制

辽朝（907—1125 年），勃兴于东北的契丹族，在耶律阿保机的领导下于 916 年建国，统一了塞北辽阔地区。

在辽朝，皇帝亲掌最高兵权，下设北、南枢密院，北枢密院为最高军事行政机构，一般由契丹人主管；南枢密院亦称汉人枢密院，职掌汉人兵马之政，因而出现一个朝廷两种军事体制并存的局面。辽军大体分为宫帐军、部族军、京州军、属国军。宫帐军，征集直属皇帝的著帐户壮丁组成，是契丹族亲军，供宿卫和征战。部族军，主要由契丹以外的部族壮丁组成，供守卫四边。以上两种部队是辽军的主力。京州军，亦称五州乡军，征集五京道各州县的汉族、渤海族等的壮丁组成。属国军，由臣属国壮丁组成。后两种部队为辅助兵力。辽初，贵族男子人人服兵役，

古代火炮

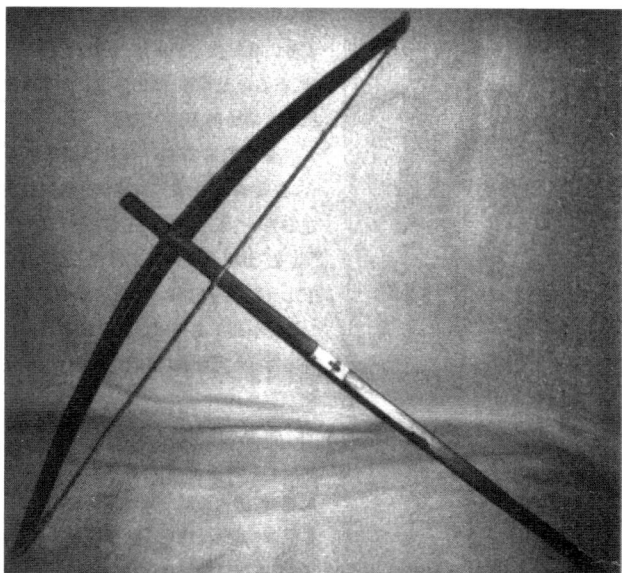

清代弩

年龄在 15—50 岁之间的列籍正军，兵器、战马自备。辽军队以骑兵为主，主要武器是弓箭和刀枪，后期从宋朝传入抛石机式的火炮，编有炮手军。

（三）金代军制

金朝（1115—1234 年），1115 年 1 月 28 日，女真首领完颜阿骨打称帝建国，国号大金。

金朝军事大权由皇帝直接掌握，其下设都统，后改为元帅府、枢密院等协助皇帝统辖全军，是临时设置的非固定职务，战时指定亲王领兵出征，称都元帅、左右副元帅等，权任极重。边防军事机构有招讨司、统军司等。

海洋望远镜

金军的编制初时与社会组织相结合，主要编为"猛安""谋克"，一般以百户左右为一"谋克"，千户左右为一"猛安"。"猛安"上统于万户府，"谋克"之下还有五十、十、伍等组织。兵员的征调方式为一名正军配一名副军，战时副军可以递补正军，兵为世袭，可以子弟替代，但不能以奴充任。

金军大体可分为本族军、其他族军、州郡兵和属国军，前两者为主力，后二者为辅翼。进入长城之南地域后，主要实行征兵制，签发汉族和其他少数民族为兵，谓之"签军"，后期也实行"募兵制"。金统治中原后，还模仿汉制实行发军俸、补助等措施，对年老退役的军官曾设"给赏"之例，对投降的宋军常保留原建制，仍用汉人降将统领。金军亦以骑兵为主，步兵次之，骑兵一兵多马，惯于披挂重甲。各部族兵增多后，步兵数量大增，同时水军规模也较大，但战斗力相对较弱，另外金军还编有炮军万户。兵器除冷兵器外，还使用火炮、飞火枪等火器作战。

七、元朝军制

历史的天空

元朝（1271—1368 年），是中国历史上第一个由少数民族建立的朝代，1271 年由忽必烈所建，国号大元，1272 年定都于大都。

1206 年，成吉思汗统一蒙古草原各部，把卫队扩充至万人，编成名为"怯薛"的禁卫军，平时轮番值宿，战时充"大中军"随大汗出征，并将各部落按千户、百户统编，成年男子均有出军义务，实行兵牧合一的制度，使军事组织与社会组织融为一体。1260 年，元世祖忽必烈即位，政治重心南移，军事制度也深受中原前代王朝的影响，组建侍卫亲军，加强了中央集权，但仍保留了蒙古部族军队的诸多成分。

皇帝统驭军事大权，下设由蒙古、色目贵族担任要职的枢密院专掌军政，为最高统军机构，秉承皇帝旨意统一管理征讨、戍守、简阅、差遣、举功等事项。元初和元末征战较多，往往分设常冠以地域的名称的行枢密院，就地节制军事，多为临时设置。中书省设兵部，管理屯田牧养等事，有时并管领驿站，各地军政则由行省丞相负责，通常也由蒙古人和色目人担任。

军队主要由四部分构成：蒙古军，由蒙古人包括部分色目人组成的部队；探马赤军，

初指从蒙古诸部抽取精锐组成的前锋、重役或远戍部队，后来也有色目人、汉人等加入；汉军，即由原金朝地区的汉人和部分女真人、契丹人组成的部队，还包括早期改编的南宋降军；新附军，即灭南宋前后改编的原宋军，此外，侍卫亲军中还有不少按族属组编的色目人部队。

军队按十进制编制，分为万户府（统兵3000—7000人）、千户所（统兵300—700人）、百户所、牌子等4级，分由万户、千户、百户、牌子头统领。非蒙古军的万户府、千户所又置"达鲁花赤"，是为监军官，专由蒙古或色目贵族担任，万户府上设都万户府、大都

督府等，侍卫亲军在千户所上设指挥使司。

蒙古军主要是骑兵，汉军、新附军大多为步军，也配有部分骑兵。水军编有水军万户府、水军千户所等。炮军由炮手和制炮工匠组成，编有炮手万户府、炮手千户所，设有炮手总管等。一部分侍卫亲军中，还专置弩军千户所，管领禁卫军中的弓箭手。军队根据承担任务的不同，区分为宿卫和镇戍两大系统。宿卫又分为皇帝直辖的"怯薛"军和由枢密院统领的侍卫亲军，平时主要护卫宫廷，守卫京畿，战时也出京征伐；镇戍诸军，屯戍于全国冲要地区。北方是蒙古军、探马赤军的重点戍防地区；淮河以南主要由汉军、新附军屯戍，并配置部分蒙古军和探马赤军。边境地区由分封或出镇其地的蒙古宗王所部和土著部族军配合镇守。各级军官一般实行世袭制，但朝廷能调动和另行任命。

被划为出军当役的人户称军户，父子相继、世代相袭，不准脱籍。蒙古军、探马赤军和汉军军户，占田地四顷以内的可免交地税，一般可免除科差杂役。对上述三种军户，分别设立专门的管领机构，称为"奥鲁"，负责监督军户出丁当役，保

蒙古军队雪雕

成吉思汗雪雕

证战时有充足的兵源，并要向军户征发其当役亲属所需的钱物。蒙古军、探马赤军的家属多随军迁徙，与屯驻地点相隔不远，其"奥鲁"隶属于当役军人所在的万户府、千户所之下，汉军出征，家在乡里，其"奥鲁"由所在州县管民官兼领，新附军多未设置"奥鲁"，军户由所在地区管民官与本军协同治理。

蒙古族为游牧民族，因而极其重视对马匹的管理，在中央设太仆寺专掌马政，在水草丰盛地区设养马千户所监牧，如果有民户养马30—100匹的，必须抽取一匹马入官，此外根据战争需要还经常强征民马。

八、明朝军制

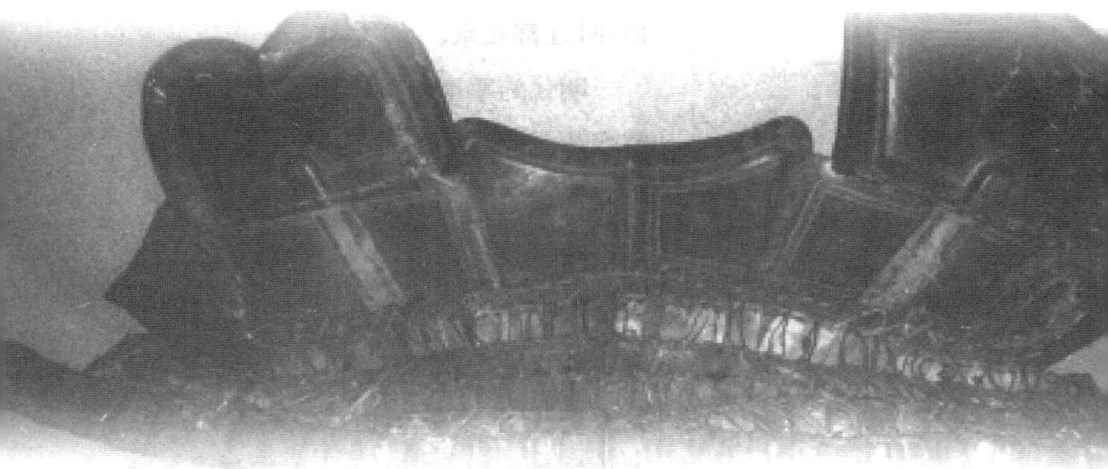

明代叉

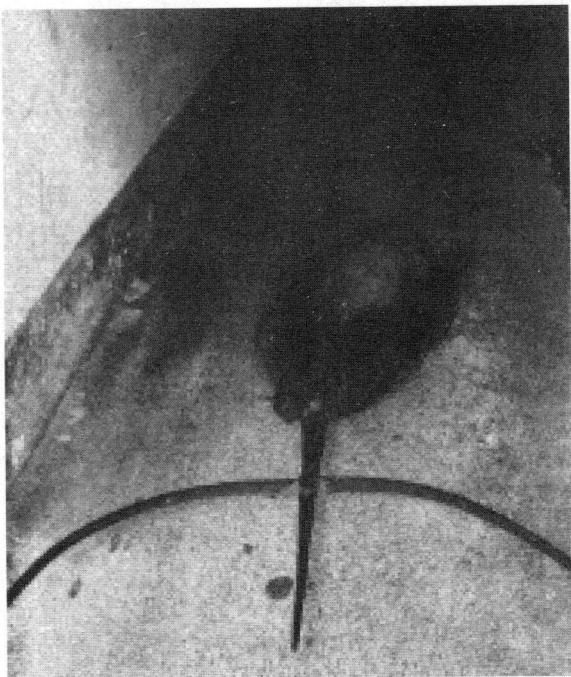

明代兵器青龙刀

　　明朝（1368—1644年），1368年由朱元璋建立，初定都南京，成祖（朱棣）时迁都北京。

　　明代的军事机关体制是经过几度调整变革后才最终固定下来的。起义时期，朱元璋以都元帅身份自主行枢密院事，亲自指挥全盘军事，以后改行枢密院为大都督府，设大都督一人，名义上是"节制中外诸军事"，其实，一切大小军政，包括军官任免、军队调遣、战役指挥、战略构思等都由都元帅决定，大都督府不过是主持后勤给养，军丁军户管理、考绩、马政等日常事务。大都督统军作战不许擅作主张，必须能奉命进止，朱元璋在行中书省内设户、礼、刑、工四部，独不设吏、兵二部，正说明人事和军事大权不容假借于人。即使如此，后来为了众设多官而分其事权，还是对此作了部分调整，虽然仍保留大都督府，但免去大都督一职不设，改设左右都督、同知都督、副都督、佥都督若干人，均为大都督府的长官。

明王朝建立后，在中书省下的六部已有兵部，这对一个统一的封建大帝国来说，确实不可少。明初，将原来由大部督府掌管的武官任免、考绩、荫袭、军队的训练、后勤给养、军丁军户管理等军事行政工作划归兵部掌管，大都督府仅保留统率全国军队的职权。

明代火炮

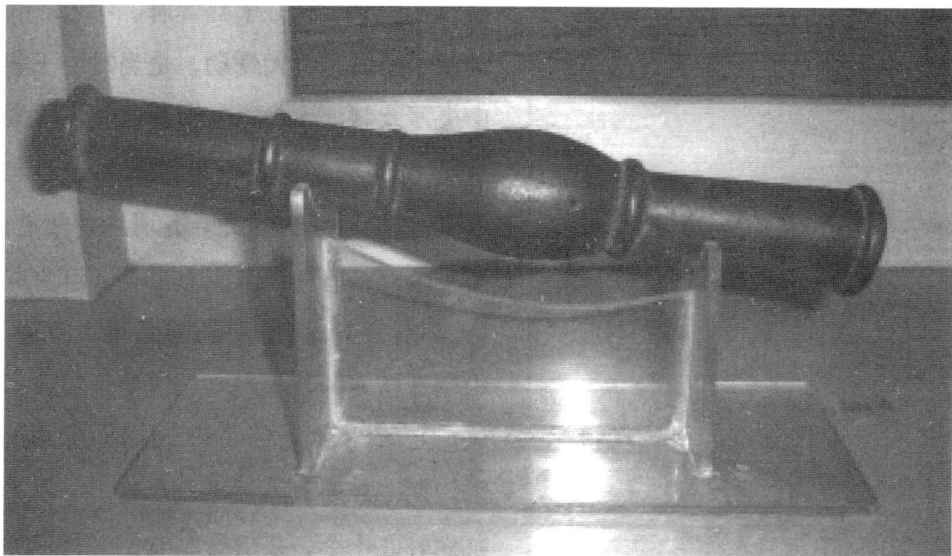

明代军人所穿的铠甲

到洪武十三年（1380年），撤废中书省、改组大都督府，将大都督府分设为前、后、中、左、右五军都督府。中书省和大都督府的同时大变动，是当时明王朝中央军政制度大改组的两翼，具有重要意义。规定五军都督府互不统辖，分别与兵部直接联系工作，统一奏请皇帝裁定，每一个都督府内设有左右都督、都督同知、都督金事、副都督等，俱为负责官员，由朝廷指定各都督府分别统率全国各都司、卫、所，不得随便变动。到此，统军的部门便一分为五，领导人更是由一个增加到好几十个，任何统军的都督都绝不可能率本部军兵与朝廷对抗了。

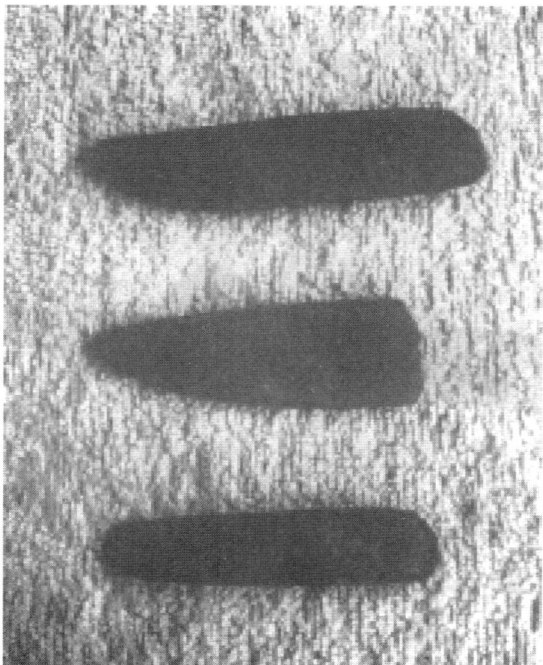

其实，任何一个都督府及其中的任何一个都督，连率领本部军兵的权力也没有，因为明王朝还规定：兵部有出兵之令而无统兵之权，五军都督府有统军之权而无出兵之令，有军事行动时，兵部奏请委派某一都督府某一都督率兵出战，而分调其他各都司、卫、所的兵丁归其指挥，军事行动结束，将帅即归回原都督府，兵丁归回原工所建制。这种体制能够防范军权旁落，掣肘了将帅们的职权，但同时也大大削弱了军队的军事威力。

斩马刀

镋

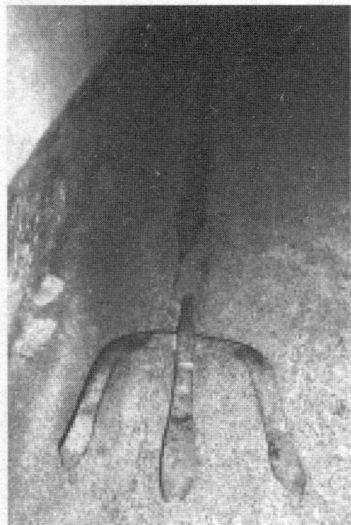

明代设在地方统率军队的部门分为都指挥使司、卫、所三级。都指挥使司又叫都司，是负责一个地区统率军队的领导性机关，辖有若干个卫和所，是省一级"三司"之一，设都指挥使一人，都指挥同知二人，都指挥佥事四人，还根据需要设置若干僚佐胥吏，全国各个都指挥使司分别辖属五军都督府领导。

在都司以下，军队的组织分为卫、所两级，每卫设指挥使一人为长官，大体上统兵 5600 人，卫以下再分为五个千户所，设千户为长官，统兵 1120 人，千户所以下再分为十个百户所，设百户，统兵 12 人，在百户之下设总旗二，每个总旗领五小旗，每小旗领军 10 人。

卫、所的分布，主要根据军事的需要，一般在形势险要的地方设卫，以下再分设千户所为军事据点。除此以外，明代还设有专门的特殊卫所和军队，如所谓亲军各卫，又叫上十二卫，是专门负责警卫皇宫皇城的御林军，其中的锦衣卫还逐渐发展成为特种的镇压部门，由皇帝直接指挥做缉捕刑狱的工作，这些卫不归五军都督府统率，直属皇帝指挥。又如在军队中设有京军三大营，也是皇帝直属的装备最好、训练较精的特种部队，五军都督府对它们是无权过问的。

鹫头青铜钺

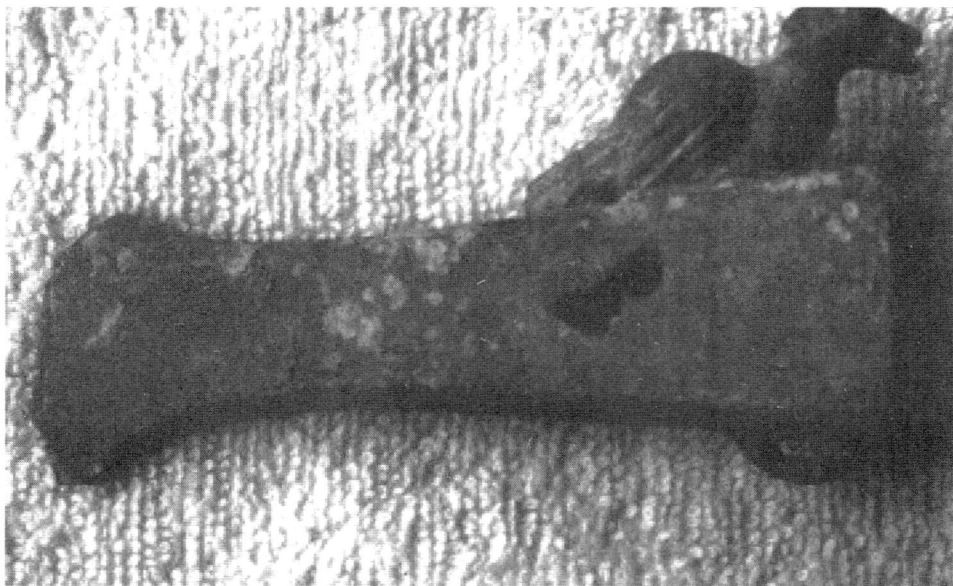

九、清朝军制

清朝（1644—1911 年），中国历史上第二个由少数民族入主中原建立的全国性统一王朝，也是中国最后一个统一的封建王朝。

清朝有八支武装力量：八旗兵、绿营兵、湘军、淮军、防军、练军、海军和新军，军制经历了传统军制（经制兵）到勇营制（湘军、淮军）再到传统军制（防军、练军）到近代军制（近代海军、新建陆军）。

（一）八旗兵

八旗兵是努尔哈赤所创的经制兵，起自兵民结合、军政结合、耕战结合的八旗制度。"旗"是满族军制名，明万历二十九年（1601 年），努尔哈赤在"牛录"的基础上形成。"牛录"是女真在氏族、

清代单管望远镜

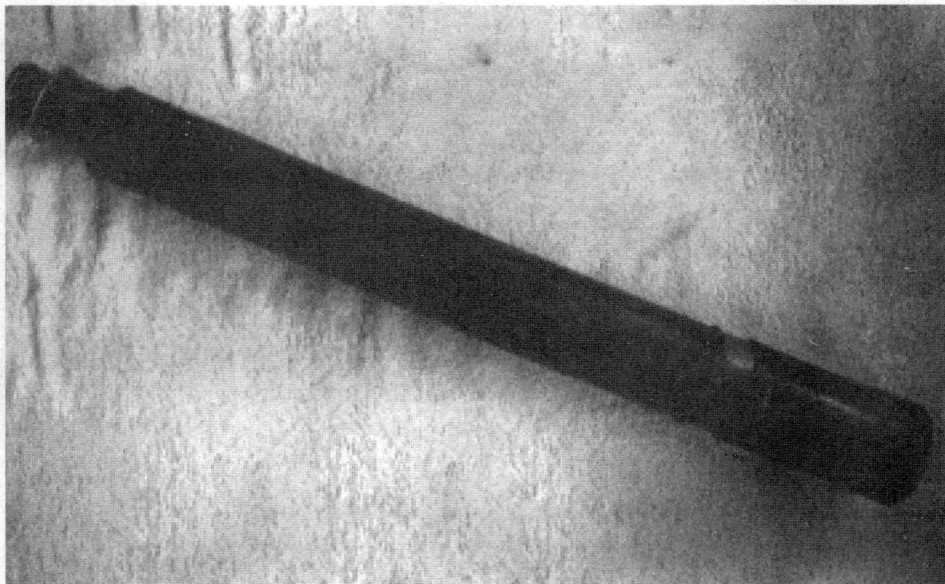

部落阶段出师、狩猎当中形成的组织形式，原来每"牛录"10人，万历二十九年扩为300人。同年设立四固山，固山就是旗，每旗含五甲喇，每甲喇为五牛录，分别使用黄、白、红、蓝四种旗子，因而是四旗。万历四十三年（1615年）扩为八旗，在原来的黄、白、红、蓝四旗的基础上增加镶黄、镶白、镶红、镶蓝四旗，旗主由努尔哈赤的子侄充当，皇太极时期又扩为二十四旗，即加上蒙古八旗和汉军八旗，二十四旗中起核心作用的还是满族八旗。八旗每一旗指挥人员设都统（固山额真）一人，副都统（梅勒额真）两人，参领（甲喇额真）五人，牛录的统领是佐

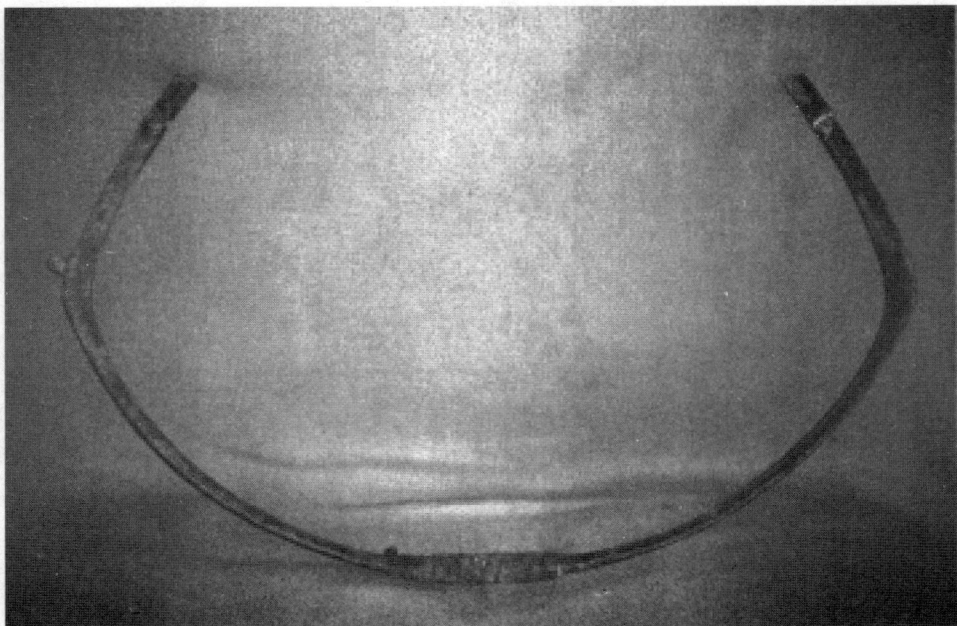

明代弓

领（牛录额真），佐领居参领之下。

八旗在开国时期有亲军营、护军营、前锋营、骁骑营、步兵营五个兵种，入关后又增加圆明园护军营、火器营、键锐营和神机营。八旗兵世代军籍，实行世兵制，八旗中每个16—60岁的男子随时准备在战时披挂上阵。

八旗兵入关后约20万人，分为京营和驻防两部分。京营旗兵驻京城四周，保卫皇宫和京师，主力是骁骑营、步军营和护军营，驻防八旗分驻各省冲要地点。

八旗兵擅长骑射，装备主要有战马、云梯、大刀、盔甲、弓箭、配刀、藤牌、鹿角、鸟枪、红衣大炮等，蒙、满八旗善骑射，平旷作战是他们所长；汉军八旗善火器，围城攻坚和水上作战是他们所长。

（二）绿营兵

因为旗兵太少，不足以控制全国，所以皇太极的弟弟多尔衮在清军入关后，改编明朝投降的士兵并招募汉人参军，因为军队使用绿旗，所以叫绿营兵或绿旗兵。

绿营兵源开始实行招募制，后来转向世兵制。绿营兵除少数配合驻防八旗拱卫京师以外，绝大部分都驻扎在各地，维护地方安全，在京绿营统一由八旗步军统领，地方上的绿营由地方长官统领，因此绿营在地方上的最高军事长官是总督，没有总督之省则是巡抚，操练和征战由提督和总兵负责。

绿营分陆营和水师两个兵种，各有马兵、步兵、守兵三个部分。绿营总人数一般保持在六十万人左右，驻军组织有标、协、营、汛四级，总兵以上的官员率领的绿营兵叫标兵，标有督标（总督统辖）、巡标（巡抚统辖）、提标（提督统辖）、镇标（总兵统辖）、军标（成都将军统辖）、

青龙偃月刀

清朝军制

镇海大炮

河标（河道总督统辖）和漕标（漕运总督管辖），后三标与前一标（督标）相并列。标下是协，由副将统领，标兵是绿营的主力，协下是营，由参将、游击、都司、守备分别统领，营下为汛，由千总、把总分别统领，总督除管督标各营外，还管本区内巡标、提标、镇标诸标，而巡抚没有管辖提标、提标诸标权。

绿营以营建制，各标均以营为基本单位，营的统领是参将、游击、都司和守备，地位与州县官相当。

绿营兵多为步兵，常用武器有刀、枪、矛、箭，还有鸟枪、铳枪和抬枪，也有大炮。

绿营始于顺治朝，名为六十多万，但缺额六七万，同光时屡裁，但与清朝相始终。

（三）湘军与淮军

湘军由曾国藩创建，兴起于团练、乡勇，是咸丰朝的军阀武装，后成为清朝正规军，曾镇压了太平天国起义，后来在甲午战争中为日军摧毁。

曾国藩于咸丰二年（1852年）受咸丰帝之命以罗泽南、王鑫团兵为基础组织地方武装。团练，开始叫湘勇，后来称湘军。他用明戚继光和嘉庆时浙江人傅鼐之法训练。咸丰三年（1853年）春，曾国藩增募3000兵，并派罗泽南率兵赴南昌救受太平军围困的江忠源。鉴于太平军有强大水师，除陆师外曾国藩又在咸丰四年（1854年）建立了水师，共有船240多艘，水勇5000人。

湘军实行募兵制，在选将、招募、教育、编制、训练、武器、饷源上与绿营不同。选将、募勇原则和将士之间的关系是将有治军之才，不怕苦，不怕死，不汲汲于名利，士兵要朴实，并有全家担保，将士之间实行家长制，兵为将有，士兵服从营官，营官服从将领，将领服从曾国藩。

湘军陆师5000余人共13营，每营500人，

清代箭囊

下设 4 哨，哨辖队，1 哨有 1 至 8 队，1 队 10 人。水师 5000 人共 10 营，每营开始 440 人，船 21 艘，后来 500 人，船 30 艘，1 营 30 哨，每船 1 哨，马军 1 营，分 5 哨，每哨 5 棚，1 营 250 人。水陆师指挥员加上战斗员，再加上水手、丁役等，全军共 17000 人，攻打天京时总兵力达到 12 万人。

湘军装备有刀、矛、抬枪、劈山炮、小炮、鸟枪、船、马匹等。武器先进，刀矛与火器并重，水师装备洋炮。湘军用儒家思想教育士兵，训练严格。军饷自酬，实行高薪饷，比绿营多一倍有余，兵饷名义上是自筹，实际上一靠捐输，二靠各省督抚支援。

淮军是李鸿章奉曾国藩之命为镇压太平天国于同治元年（1862 年）初在安庆组建的军阀武装。李鸿章招募 3500 人，曾国藩拨给 3000 人，

大沽口炮台

共 6500 多人，同治四年（1865 年）发展到六七万人，编制模仿湘军，在装备方面优于湘军，洋枪洋炮多，并且采用洋操。

乡勇本来是正规军的辅助力量，有事征调，无事遣散，但湘军、淮军在咸同间是清朝用来镇压太平天国的唯一军队，充当了正规军的角色，这是清朝军事制度上的一大变革。

清代研制的红衣大炮

（四）防军与练军

为避免朝廷猜忌，当把太平天国镇压下去后，曾国藩裁撤 25000 人，留万人守南京，15000 人为皖南北之师，余下的湘军与淮军都是勇营，他们留下来用于国防，称防军。

同治初年（1861 年），各省督抚从绿营中挑选一部分人照勇营办法训练，不用刀矛弓箭，换用洋枪洋炮，称为练军。练军始于同治二年（1862 年）刘长佑编练直隶。同治五年到光绪九年，各省也从绿营中挑选优秀将士开始练军训练，于是防军和练军便成为清朝的正规军。

（五）海军

清朝海军的建成是洋务运动的一个成

果，两次鸦片战争的失败，使清朝萌发了建立海军的意图。同治十三年（1874年），日本侵略台湾，更加激发了清政府建立海军的欲望，并付诸行动。经过十年的努力，先后建起了北洋、南洋和粤洋三支海军，其中粤洋海军分福建海军和广东海军，北洋海军驻守大沽、旅顺、营口、烟台，南洋海军驻守江宁、吴淞、浙江，粤洋海军负责海口、台湾、厦门、琼州、广州等福建和广东海面。

福建海军在光绪十年前有各种舰船16艘，在中法之战中损失殆尽，南洋海军在光绪十年（1844年）前有大小舰船17艘，也遭受重大损失，广东海军在中法之战前有各种舰船25艘，但都比较小。相对充分发展的是北洋海军，北洋海军是海军的主体，到光绪十四年（1888年），全军4000多人，有大小舰船25艘，其中巡洋舰7艘、铁甲舰2艘、蚊炮船6艘、练船3艘、运船1艘、鱼雷艇6艘。光绪十一年（1885年）成立的海军衙门颁布了《北洋海军章程》，在旅顺、威海卫修建了炮台，还有其他一些配套设施，形成完备的海军体系。

北洋海军有船制和官制两种编制。船制分右翼、左翼、中军、后军4队，中军、左翼、

鸦片战争博物馆里的火炮

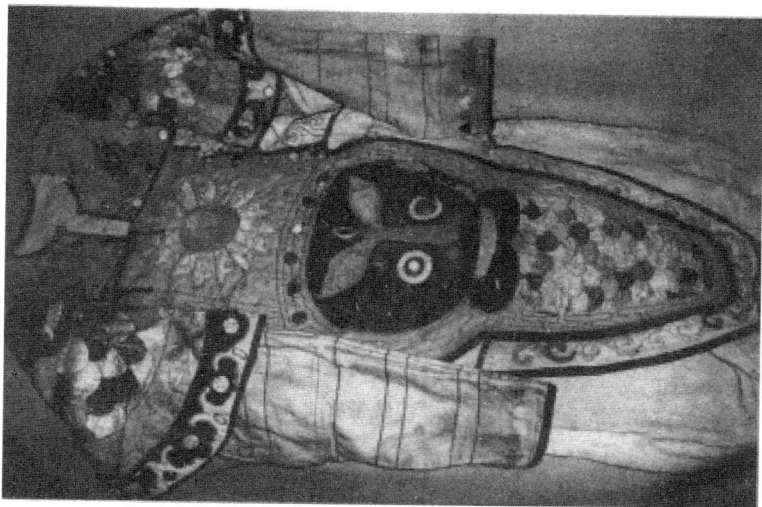

右翼各由 3 舰构成，后军由炮舰、鱼雷舰和练习舰各 3 艘以及运输船 1 艘构成。官制，李鸿章为总节制，下面提督 1 人、总兵 2 人、副将 5 人、参将 4 人、游击 9 人、都司 27 人、守备 60 人、千总 65 人、把总 99 人，除李鸿章以外一共 272 名官员。

（六）新军

新军是甲午战争后清朝采用新式装备，运用资本主义国家的练兵方法和军制建立起来的近代化陆军。

新军的开头是光绪二十年（1894 年）冬广西按察使胡燏棻按照德国的陆军建制、战术，使用洋枪洋炮训练的"定武军"，共 10 营，步队

清代火炮

3000人，炮队1000人，马队250人，工程队500人，共4750人。光绪二十一年由袁世凯接手更名为"新建陆军"，人数扩大到7000人，其中增加了步兵2000人，马队250人。

新军建制一是分兵种，二是实行营制。全军分左右翼（相当于旅），下面有营、队（相当于连）、哨（相当于排）、棚（相当于班）。总统1人（袁世凯摄），两翼各有翼长1人、统领1人、分统2人，营有统带官1人、帮统官1人，队有领官1人，哨有哨官1人、哨长2人，棚有正副头目各1。新军机关有总部，下设参谋营务处、执法营务处、督操营务处、稽查营务处等。

新军除袁世凯的陆军外，还有光绪二十一年（1895年）张之洞在江宁编的自强军。该军也分兵种，步队、炮队、马队和工程队，全军13营，步队8营，炮队2营，马队2营，工程队1营，编制仿欧洲军队步兵营分5哨，250人；炮兵营分4哨，200人；马队分3哨，180人。工程营100人，请35名德国人当教练，将领贝伦可多夫做总教练，天津和湖北武备学堂学员为分教练。

自强军后来由刘坤一接办，最后归袁世凯，做他的武卫右军。